ZUMOS DE
Frutas y Verduras

Si este libro le ha interesado y desea que lo mantengamos
informado de nuestras publicaciones, puede escribirnos a
comunicacion@editorialsirio.com,
o bien registrarse en nuestra página web:
www.editorialsirio.com

Título original: FRESH VEGETABLE AND FRUIT JUICES
Traducido del inglés por Francesc Prims
Diseño de portada: Editorial Sirio, S.A.

© 1970, N. W. Walker

© de la presente edición
EDITORIAL SIRIO, S.A. y MACRO EDIZIONI

EDITORIAL SIRIO, S.A.	NIRVANA LIBROS S.A. DE C.V.	ED. SIRIO ARGENTINA
C/ Rosa de los Vientos, 64	Camino a Minas, 501	C/ Paracas 59
Pol. Ind. El Viso	Bodega nº 8,	1275- Capital Federal
29006-Málaga	Col. Lomas de Becerra	Buenos Aires
España	Del.: Alvaro Obregón	(Argentina)
	México D.F., 01280	

www.editorialsirio.com
sirio@editorialsirio.com

I.S.B.N.: 978-84-16233-52-6
Depósito Legal: MA-655-2015

Impreso en Imagraf Impresores, S. A.
c/ Nabucco, 14 D - Pol. Alameda
29006 - Málaga

Impreso en España

N. W. Walker

ZUMOS DE
Frutas y Verduras

editorial irio

La falta o carencia de ciertos elementos, como minerales y sales orgánicas vitales, y como consecuencia, de vitaminas, en nuestra dieta habitual, es la causa principal de casi todas las enfermedades y dolencias. ¿Cuál es la manera en la que podemos proveer mejor a nuestro cuerpo de los elementos que necesita?

NORMAN. W. WALKER,
doctor en ciencias

Puedo decir sinceramente que nunca soy consciente de mi edad. Desde que alcancé la madurez nunca me he percatado de seguir envejeciendo, y puedo decir, sin equivocaciones o reservas mentales, que hoy me siento más vivo, alerta y lleno de entusiasmo que cuando tenía treinta años. Aún siento que mis mejores años están por llegar. Nunca pienso en cumpleaños ni los celebro. Hoy puedo decir sinceramente que gozo de una salud excelente y no me importa decir mi edad a la gente: ¡NO TENGO EDAD!

NORMAN W. WALKER,
The Natural Way to Vibrant Health

PRÓLOGO

※

Quiero reconocer mi deuda con Norman W. Walker, doctor en ciencias, por su colaboración incansable en la preparación de este libro.

El doctor Walker ha puesto a mi disposición, sin reservas, los resultados de sus experiencias, experimentos y análisis que han hecho posible la recopilación y la publicación, por primera vez en la historia, de una guía casi completa de los usos terapéuticos de nuestros vegetales más comunes y cotidianos cuando los tomamos crudos en forma de zumos frescos.

Espero que este libro sea no solo una guía de referencia útil y manejable para todos los miembros de mi profesión sino que también constituya una ayuda considerable para quienes quieran obtener el máximo beneficio de los productos naturales que Dios creó para alimento del hombre.

R. D. Pope,
doctor en medicina

ZUMOS DE VERDURAS
Y FRUTAS FRESCAS

❀

Introducción

El cuerpo humano es inexorablemente dependiente de la calidad de la comida que ingiere y no menos de la compatibilidad de esta con sus necesidades. La gente ha despertado a esta comprensión, pero solo en los dos últimos siglos. Poco a poco se ha ido arrojando más luz sobre los misteriosos procesos de la anatomía humana y sobre la manera en la que el cuerpo utiliza los minerales y las vitaminas contenidos en las verduras y las frutas.

Los resultados obtenidos a la hora de ayudar al cuerpo a recuperarse de casi cualquier trastorno o dolencia han sido extraordinarios en todo el mundo, particularmente en el terreno de la terapia por medio de zumos. Hoy día, cualquier persona que no esté familiarizada con el valor nutritivo y terapéutico de los zumos de frutas y verduras frescas se halla terriblemente desinformada.

Desde comienzos del siglo XX, los zumos de verduras y frutas frescas han triunfado. Su valor es ahora definitivamente reconocido por la gente bien informada, tanto los profesionales como los profanos. La razón de la eficacia de estos zumos reside en el hecho de que al separar de la fibra los elementos minerales y el agua destilada, este alimento líquido es digerido en cuestión de minutos, mientras que para realizar ese mismo proceso nuestros órganos digestivos necesitan trabajar durante horas. Digerir verduras y frutas precisa mucha energía, y la manera de obtenerla proviene de los mismos alimentos. Así pues, los alimentos «sólidos» ingeridos ven sacrificada en parte su función nutricional al tener que ser usados como combustible para proveer esta energía.

Esto responde una pregunta muy común: ¿por qué no comer las verduras y las frutas enteras, en vez de hacer zumos con ellas? No hay alimento en la fibra, aunque esta tiene un propósito muy útil y necesario: actúa como una escoba intestinal. Después de haber viajado a través del estómago, el duodeno y siete metros y medio de intestino delgado, las partículas de fibra llegan al colon en forma de celulosa microscópica. El colon considera la celulosa como una fibra y la usa como tal. Sin la fibra, el colon, y el conjunto del cuerpo, no pueden conservarse en un estado saludable.

Es pues imperativo que cada día, durante toda la vida, una dieta equilibrada contenga, como plato principal, una ensalada compuesta por vegetales variados (¡vegetales crudos!). Para guiarte en la selección y preparación de estas ensaladas, he escrito *The Vegetarian Guide to Diet & Salads* (La guía vegetariana de dietas y ensaladas).

En respuesta a las innumerables peticiones de información relativas a los contenidos minerales de los alimentos, se ha incluido un anexo que contiene un análisis de los más conocidos y comúnmente utilizados.

Tengo que destacar el hecho de que es prácticamente imposible cultivar, incluso de un modo orgánico, el producto perfecto a partir de cualquier semilla. El motivo es que hay muchos factores implicados en el cultivo de las plantas, los cuales varían, a veces radicalmente, de una parcela de tierra a otra.

Asimismo también hay, a día de hoy, muchas variedades de casi cada tipo de alimento. Por ejemplo, estas son algunas de las variedades de zanahoria disponibles: emperador, chantenay, danvers y oxheart, cada una de las cuales tiene una composición mineral ligeramente distinta de las demás, sin que esta variación sea suficiente como para que podamos excluir a alguna de estas variedades del grupo de las zanahorias. Esto también es cierto en el caso de otros vegetales.

Nos vemos obligados a emplear cualquier información analítica sobre los alimentos como una guía general. Esto es debido a las condiciones variables del suelo, el clima, la ubicación y el método con que se lleva a cabo la plantación.

Si usamos vegetales variados en nuestras combinaciones de alimentos, esto asegurará que nuestro cuerpo obtenga todas las vitaminas y minerales que necesita.

Los alimentos cultivados con métodos orgánicos son por regla general de mayor calidad; lamentablemente, a veces son difíciles de obtener. De cualquier modo, incurriríamos en un error si nos volviésemos unos fanáticos de la calidad de los alimentos que compramos en las tiendas y mercados.

Aquellos que están más concienciados sobre estos temas tal vez sería inteligente que se fueran a vivir al campo, donde podrían cultivar su propia comida. Es sobre todo con este pensamiento en la cabeza como escribí el libro *Back to the Land for Self-Preservation* (De vuelta a la tierra en aras de la supervivencia).

En términos generales, si no puedes comprar exactamente los alimentos que quieres, mientras sea necesario adquiere lo mejor entre lo que encuentres disponible. Tan solo asegúrate de comprar los productos más frescos y de mayor calidad que veas (en el caso de los vegetales que emplees tanto para hacer ensaladas como para hacer los zumos).

¿Qué le falta a tu cuerpo?

Sé que si no bebo una cantidad suficiente de zumos vegetales frescos y crudos, es más probable que mi cuerpo no tenga todas las enzimas que necesita.

¿Y tú? Tú y solamente tú eres el responsable de las consecuencias de cómo alimentas tu cuerpo. La *vida* que contiene tu comida es lo que cuenta.

Tu organismo está compuesto por billones de células microscópicas. Tu propia existencia depende de ellas. Y ellas necesitan una nutrición viva, activa. ¡Y depende de ti, y solo de ti, si los alimentos que ingieres te llevan a nutrirte o a desnutrirte!

Las enzimas

El factor básico a la hora de alimentar tu cuerpo de una manera eficaz es la vida presente en tu comida y la vida de esos elementos intangibles conocidos como enzimas.

En otras palabras, el elemento que permite que el cuerpo sea nutrido y viva, el cual se halla oculto en las semillas de las plantas así como en su germinación y crecimiento, es un principio vital conocido como enzima.

Las enzimas pueden ser descritas como sustancias complejas que nos posibilitan digerir los alimentos y absorberlos en nuestra sangre. También se ha afirmado que *digieren* los cánceres. Con el fin de poder llevar a cabo estas operaciones, las enzimas requieren un cierto tipo de cuerpo, un organismo físico o material. Ellas por sí mismas no lo tienen, como tampoco lo tiene la electricidad con su multitud de elementos, como el voltaje, el amperaje, la potencia, etc. Así como la electricidad no tiene sustancia, si bien activa sustancias de las que no forma parte integral, sucede lo mismo con las enzimas. Estas son una energía cósmica magnética intangible, un principio vital que está estrechamente implicado en la acción y actividad de cada átomo del cuerpo humano, de la vegetación y de cada forma de vida.

Una vez que seamos claramente conscientes de esto, sabremos definitivamente por qué deberíamos seleccionar nuestros alimentos de manera inteligente y apropiada, y por qué estos deberían ser crudos, no cocinados y no procesados.

No podemos tener vida y muerte a la vez, sea en relación con nuestro cuerpo o con las verduras, frutas, frutos secos y semillas. Donde hay vida hay enzimas.

Las enzimas son sensibles a temperaturas superiores a los 47,8 °C. Por encima de los 48,9 °C, se vuelven lentas, de la misma manera que el cuerpo humano se relaja y se vuelve apático cuando está tomando un baño caliente. A los 54,4 °C la vida de las enzimas se extingue. Mueren.

Dentro de las semillas, las enzimas se encuentran en estado de latencia, y bajo las condiciones apropiadas permanecerán en estado de animación suspendida durante cientos o miles de años.

De hecho, se han encontrado abundantes enzimas en los cadáveres de animales prehistóricos hallados en las regiones más septentrionales de la Tierra, en Siberia y en otras zonas glaciales. Esos animales se congelaron instantáneamente a causa de formaciones de hielo catastróficas acontecidas hace unos cincuenta mil años. Las enzimas se activaron cuando la carne de esos animales se descongeló y regresó a la temperatura corporal. De manera que las enzimas pueden conservarse a cualquier baja temperatura sin que se pierdan.

La vida en sí misma no puede ser explicada, de modo que describimos las enzimas como un principio cósmico de energía, o vibración, que provoca una acción química o un cambio en los átomos y moléculas que causa una reacción, sin cambiar, destruir o agotar las enzimas en el proceso.

En otras palabras, las enzimas son catalizadores, y como tales *provocan* acciones o cambios sin alterar o modificar su propio estado.

Con esta breve explicación serás más capaz de apreciar el valor, la razón, la lógica y la inteligencia de elegir los alimentos que pretendes que nutran tu cuerpo. Estos alimentos no solo deben ser crudos, sino que también han de ser utilizados y preparados de tal manera que nutran las células y tejidos de tu cuerpo del modo más rápido y eficaz posible.

La gran ley de la vida es la reposición, el reabastecimiento. Si no comemos, morimos. De la misma forma, y con la misma certeza, si no comemos la clase de alimentos que pueden nutrirnos constructivamente, no solo moriremos prematuramente, sino que además sufriremos por el camino.

Nuestro cuerpo tiene que ser abastecido a diario con los mismos elementos de los que está compuesto. Además, y para gozar en todos los aspectos de nuestra vida de una salud plena, debemos dedicar el pensamiento, la atención y la consideración correctos a esas otras dos partes de nuestro ser que son nuestra mente y nuestro espíritu.

Podemos comer los mejores y más constructivos alimentos del mundo, pero esto no evitará la degradación de nuestro organismo si permitimos que los resentimientos, los miedos, las preocupaciones, las frustraciones y otros estados mentales negativos nos obsesionen.

La salud es la base indiscutible de la satisfacción en la vida. Toda alegría interna y todo éxito profesional deben construirse sobre la base de la salud y la vitalidad del cuerpo.

La nutrición debe ser vital, o, lo que es lo mismo, *orgánica*. Es muy importante que las sales y minerales sean vitalmente orgánicos con el fin de que podamos asimilarlos y, así, llevar a cabo la reconstrucción y regeneración de las células y tejidos.

Los rayos del sol envían billones de átomos a la vida vegetal; activan las enzimas y las fuerzan a transformar los elementos inorgánicos en orgánicos, o contenedores de vida, con lo cual nos alimentamos al ingerirlos.

Los átomos que construyen las células y tejidos de nuestro cuerpo son elementos minerales y químicos. Nuestras glándulas y órganos y, de hecho, cada parte de nuestro organismo presenta combinaciones de estos átomos siguiendo unos patrones definidos. Es por eso por lo que podemos establecer que ciertas combinaciones de elementos minerales químicos y vivos en nuestras comidas, y sobre todo en nuestros zumos, nutren determinadas partes del cuerpo.

Gracias a las investigaciones científicas, hemos sido capaces de analizar y saber exactamente cuáles son los elementos que contienen los alimentos, y de armonizarlos en nuestro interior de acuerdo con nuestras necesidades.

Nuestro cuerpo está constituido por muchos elementos atómicos. Los principales son:[1]

- Oxígeno
- Carbono
- Hidrógeno
- Nitrógeno
- Calcio
- Fósforo

- Potasio
- Azufre
- Sodio
- Magnesio
- Hierro
- Yodo

- Cloro
- Flúor
- Silicio
- Manganeso

Excepto en el caso de los accidentes, toda reparación y regeneración que se produzca en nosotros debe venir de dentro. Y estamos desequilibrados cuando el flujo sanguíneo, las células, los tejidos, los órganos, las glándulas y el resto del organismo no contienen estos elementos en la proporción o la cantidad adecuada. El resultado es un estado que es, expresado claramente, tóxico. Se llama toxemia.

Con el fin de que podamos recobrar y conservar el equilibrio saludable, la mayor parte de los alimentos que

---

1. Para detalles más completos y esclarecedores en relación con estos elementos, te recomiendo que leas mi libro *Diet & Salad Suggestions*, (Sugerencias de dietas y ensaladas), publicado por Norwalk Press.

comemos deben contener elementos vivos, vitales, orgánicos, que se encuentran en las verduras, frutas y frutos secos frescos y crudos, y en las semillas.

El oxígeno es uno de los elementos más esenciales. Pero tan pronto como se cocina la comida, el oxígeno que contiene se pierde. Como indiqué anteriormente, las enzimas resultan destruidas a los 54,4 °C, de manera que la mayor parte de la fuerza vital necesaria para la nutrición se desperdicia.

El hecho de que, durante generaciones, millones y millones de personas hayan vivido y estén viviendo a partir sobre todo de alimentos cocinados no prueba que estén vivas como consecuencia de ello. A decir verdad, su estado es decadente, lo cual se ve confirmado por la condición tóxica de sus cuerpos. De otro modo, ¿cómo se explica que las inadecuadas instalaciones hospitalarias estén abarrotadas? ¿Por qué se venden anualmente analgésicos por valor de millones y millones de dólares? ¿Por qué hay un índice tan elevado de enfermedades del corazón, diabetes, cánceres, enfisemas, demencias seniles y muertes prematuras?

Nuestro Creador construyó el cuerpo humano con una cantidad colosal de tolerancia inherente. Cuando comemos algo que «no es bueno» para nosotros o que es incompatible con nuestros requisitos nutricionales o con nuestro equilibrio nutricional, sufrimos. Somos advertidos y reprendidos por el dolor o por los cólicos, que con el tiempo llevan a la enfermedad o, tal vez, a cualquiera de la infinita cantidad de dolencias que afligen a la humanidad.

Puede ser que este «castigo» no se manifieste o no aparezca inmediatamente; tal vez gracias a la milagrosa tolerancia del cuerpo estaremos durante días, meses o incluso años a la espera de que la naturaleza nos exija el pago por haber infringido sus leyes.

Una vez que descubrimos los medios naturales para recuperar la salud y conservarla en un elevado nivel, experimentamos la dicha que resulta de llevar este descubrimiento a la práctica diaria. Parece raro y a la vez lamentable que haya tantas personas que no tengan en cuenta esta cuestión, de modo que continuarán experimentando, deliberadamente, una decadencia toxémica. La fortaleza mental e intestinal, junto con un poco de estudio, las podría ayudar a evitar una degradación prematura, a menudo dolorosa.

¿POR QUÉ NO COMER LAS VERDURAS Y LAS FRUTAS ENTERAS?

Sin el conocimiento de los principios implicados en el consumo de zumos de verduras y frutas frescas, uno podría preguntarse: «¿Por qué no comer las verduras y las frutas enteras, en vez de extraerles el jugo y descartar la fibra?».

La respuesta es sencilla: los alimentos sólidos requieren muchas horas de actividad digestiva antes de que la nutrición que proporcionan esté finalmente disponible para las células y tejidos del cuerpo. La fibra de los alimentos sólidos no tiene prácticamente ningún valor nutritivo, pero desempeña la función de escoba intestinal durante la actividad peristáltica de los intestinos; de ahí la necesidad de tomar alimentos crudos además de beber los zumos. Al preparar zumos, y así separar la fibra, permitimos que sean muy rápidamente digeridos y asimilados, a veces en cuestión de minutos, con un mínimo de esfuerzo por parte del sistema digestivo.

Por ejemplo, es bien sabido que el apio, a causa de su alto contenido en cloruro de sodio, es el mejor alimento a la hora de contrarrestar los efectos del calor extremo. Sin embargo, el proceso de digestión de esta hortaliza implicaría tanto tiempo que uno podría sufrir los efectos del calor intenso antes de notar los beneficios del apio. Por otra parte, si bebemos un vaso o medio litro de zumo de apio crudo, obtenemos resultados rápidamente. Esto me ha permitido a menudo soportar el ardiente calor del desierto de Arizona.

Las verduras y las frutas enteras contienen una cantidad de fibra considerable. Entre los intersticios de dichas fibras están encerrados los átomos y moléculas que son los elementos nutritivos que necesitamos. Son estos átomos y moléculas y sus enzimas respectivas presentes en los zumos crudos los que ayudan a una rápida nutrición de las células, los tejidos, las glándulas, los órganos y el resto de nuestro cuerpo.

La fibra de las verduras y frutas también es valiosa. Cuando los alimentos que ingerimos son crudos, no cocinados y no procesados, esta fibra actúa como una escoba intestinal, como ya he señalado. Ahora bien, cuando los alimentos son cocinados, el intenso calor acaba con la vida de la fibra: pierde su magnetismo y pasa a estar carente de vida, muerta; al ocurrir esto, actúa como una fregona a lo largo de los intestinos, y muy a menudo deja una película en sus paredes. Con el tiempo esta película se hace más gruesa, se pudre y causa toxemia. Entonces el colon se deforma y debilita, resultando de ello estreñimiento, colitis, diverticulosis y otras disfunciones.

Los zumos extraídos de verduras y frutas frescas y crudas son el medio por el cual podemos proveer a todas las células y tejidos del cuerpo con los elementos y las enzimas nutricionales que pueden digerir y asimilar mejor.

Date cuenta de que he dicho enzimas nutricionales. Con esto me refiero a las presentes en nuestros alimentos. Las células y tejidos corporales tienen sus propias enzimas, las cuales ayudan y colaboran en el proceso de digestión y asimilación de los alimentos. Además, la composición de todos los átomos y moléculas de nuestros cuerpos cuenta con un suministro de enzimas muy abundante. El oxígeno es asimilado por la acción de las enzimas y después por la sangre.

Por ejemplo, el aire que respiramos llega a nuestros pulmones en una combinación de aproximadamente un 20% de oxígeno y un 80% de nitrógeno. El aire que expelemos es sobre todo ácido carbónico y dióxido de carbono. ¿Qué ocurre con el nitrógeno?

Esto es lo que sucede cuando respiramos: dos tipos principales de enzimas presentes en nuestros pulmones se ponen en acción en el momento en que el aire llega a los alveolos pulmonares, que tienen el aspecto de diminutos racimos de uvas. Un conjunto de enzimas, conocidas como oxidasas, separan el oxígeno del aire, mientras que el otro conjunto de enzimas, conocido como nitrasas, separan el nitrógeno. El oxígeno es recogido, gracias a la acción de las enzimas, por la sangre, que lo lleva por todo el cuerpo, mientras que el nitrógeno, por la acción de enzimas «transportadoras», se integra en el organismo para la generación de proteínas.

Todos nosotros estamos compuestos por innumerables enzimas, las cuales se encuentran en la boca, el estómago y los intestinos. Más de una docena de ellas están implicadas en la digestión y asimilación de la comida. Trabajan conjuntamente con las enzimas que se encuentran en los átomos y moléculas contenidos en los alimentos.

Los alimentos cocinados

En general, no será muy dañino tomar ocasionalmente algún plato cocinado, siempre que no sean fritos, con tal de que una cantidad suficiente de comida cruda se ingiera también. Estamos viviendo en la era atómica, y ralentizarnos por comer muchos alimentos cocinados nos crea un conflicto físico y mental que entorpece el flujo de nuestra existencia.

Debemos tener presente que aunque es cierto que los alimentos cocinados y procesados sostienen la vida, esto no significa que tengan el poder de regenerar los átomos que proporcionan la fuerza vital a nuestro cuerpo. Al contrario, la degeneración progresiva de las células y tejidos es consecuencia del consumo continuado de alimentos cocinados y procesados.

No existe ningún medicamento en el mundo que pueda proporcionar al torrente sanguíneo nada que el cuerpo pueda utilizar para repararse y regenerarse de un modo permanente.

Uno puede tomar cuatro o cinco grandes comidas al día y aun así estar hambriento, por la escasez de elementos vitales en los alimentos y la alteración del equilibrio enzimático.

Los zumos de frutas son los purgadores del organismo humano por excelencia, siempre que la fruta esté madura. Una manzana diaria nos mantendrá lejos de la consulta del médico, si también comemos muchos otros alimentos crudos. Pero la fruta, con solo tres o cuatro excepciones, nunca debería tomarse con otros alimentos, si estos contienen almidones y azúcares. Una suficiente variedad de fruta proporcionará al cuerpo todos los hidratos de carbono y azúcares que necesite.

Y, por su parte, los zumos vegetales son los constructores y regeneradores del cuerpo. Contienen todos los aminoácidos, minerales, sales, enzimas y vitaminas que necesitamos, siempre que las verduras y las frutas sean frescas, crudas y no tengan conservantes. La extracción del jugo también tiene que efectuarse de la manera apropiada.

Como todas las cosas más valiosas de la vida, la parte vital de los vegetales es la más difícil de obtener, puesto que está oculta dentro de las fibras. De ahí que sea necesario masticar exhaustivamente todas las frutas y hortalizas crudas.

El análisis final es que la comida cruda constituye la alimentación más adecuada para los seres humanos. De todos modos, no todo el mundo es capaz de cambiar el hábito de toda la vida de comer alimentos en su mayor parte o totalmente cocinados y desvitalizados, e ingerir solo alimentos crudos en su lugar. Un cambio tan repentino puede causar alteraciones que la persona posiblemente no será capaz de comprender, pero que, sin embargo, serán totalmente beneficiosas. En este caso es aconsejable consultar a alguien que tenga experiencia en las reacciones que pueden derivarse de este cambio. Después de todo, es necesaria una fortaleza mental e intestinal considerable para llevarlo a cabo y sostenerlo, pero se ha constatado que vale la pena.

En cualquier caso, los zumos de verduras y frutas frescas y crudas son necesarios como el complemento de cualquier dieta, incluso cuando no se siga ninguna en especial y la persona coma cualquier cosa que le apetezca.

Cuando se sigue un régimen alimenticio heterogéneo e irregular o cuando comemos por placer, estos zumos son de una importancia capital, porque proporcionarán al cuerpo los elementos vivos y las vitaminas que son deficitarios en los alimentos cocinados y procesados.

Por otra parte, un régimen basado totalmente en los alimentos crudos, sin la inclusión de una cantidad y variedad suficiente de zumos frescos y crudos, también es deficiente. El motivo es que un porcentaje sorprendentemente alto de los átomos presentes en los alimentos crudos que podrían proporcionar nutrición se utilizan como combustible para que los órganos digestivos obtengan la energía que necesitan para digerir y asimilar los alimentos, lo que habitualmente requiere tres, cuatro o cinco horas después de cada comida. Estos átomos, aunque nutren un poco el cuerpo, son sobre todo usados como combustible, de modo que solo una pequeña parte queda disponible para la regeneración de células y tejidos.

Sin embargo, cuando bebemos zumos vegetales crudos la situación es completamente diferente, desde el momento en que estos son digeridos y asimilados en un plazo de entre diez y quince minutos desde que nos los bebemos, y son utilizados casi enteramente para nutrir y regenerar las células, tejidos, glándulas y órganos corporales. En este caso el resultado es evidente, puesto que todo el proceso de digestión y asimilación se completa con un máximo de rapidez y eficacia, y con un mínimo esfuerzo por parte del sistema digestivo.

Lo importante es beber los zumos frescos a diario, independientemente de cuál sea la manera o el proceso de extracción. Como es natural, cuanto más perfectamente se extraiga el jugo, con mayor eficacia trabajará en el cuerpo.

MI PRIMER ZUMO DE ZANAHORIA

Los primeros experimentos los llevé a cabo por medio de rallar las zanahorias con cualquier cosa que las redujera a pulpa, y después apretando la pulpa con un trapo para obtener el zumo. Tras descubrir el milagro de consumir este zumo elaborado de una manera tan sencilla, intenté reducir las zanahorias a pulpa por otros medios, hasta que pude lograr una mayor cantidad de zumo con menos tiempo y esfuerzo. Pronto descubrí que estos zumos se fermentaban y se estropeaban si no los tomaba enseguida.

Con el tiempo hallé una manera de triturar los vegetales hasta reducirlos a una pulpa casi tan fina como la compota de manzana. Este método abre los intersticios de las células de las fibras, de modo que se liberan sus átomos y moléculas. Después, por medio de exprimir la pulpa con una prensa hidráulica, conseguí extraer prácticamente todo el jugo, y su calidad era insuperable.

Naturalmente, este artilugio es caro. Pero, ¿acaso no merece la pena *invertir* en tu propia salud?

El exprimidor centrífugo que salió a la venta unos años atrás ha sido mejorado con el tiempo, y hay algunos modelos muy satisfactorios en el mercado. También tienen su lugar en la extracción de los zumos, desde el momento en que son adecuados para viajar y también para usarlos en apartamentos pequeños en los que el espacio es limitado. Los zumos obtenidos con este tipo de máquinas han sido tomados por muchas personas, que se han beneficiado con ello. Tenemos que beber zumos a diario, independientemente de cómo los extraigamos. De cualquier modo, el zumo de mayor calidad es el más económico a largo plazo, y el más eficaz a la hora de nutrir el cuerpo. Pero ¡cualquier zumo fresco y crudo es mejor que ninguno!

Los zumos extraídos por el método centrífugo deben ser consumidos inmediatamente, porque a menos que la extracción del jugo a partir de las fibras sea tan completa como humana y mecánicamente sea posible, la oxidación y el calor derivados de la fricción tienden a estropear el zumo al poco rato.

En mis experimentos he descubierto que los aerosoles tóxicos se almacenan en las fibras de los vegetales pero que no están presentes en los zumos carentes de fibra.

LOS ZUMOS NO SON ALIMENTOS CONCENTRADOS

Nuestro Creador nos proporcionó la comida tanto para que nos nutriésemos como para que tuviésemos en ella una medicina. Así pues, es natural que nos alimentemos con estos dos objetivos en mente.

Es absurdo decir que los zumos son comida concentrada. Nada podría estar más lejos de la verdad. Los alimentos concentrados son productos que han sido deshidratados, de modo que no contienen agua. Los zumos, por el contrario, son alimentos muy líquidos. Son sobre todo agua orgánica de la mayor calidad; los átomos y moléculas nutritivos que contienen están presentes, en comparación con ella, en cantidades microscópicas. Las células y tejidos del cuerpo pasan hambre habitualmente porque lo que necesitan precisamente son estas partículas microscópicas.

Las investigaciones llevadas a cabo por mí —y he de decir que he sido uno de los pioneros a la hora de reducir los vegetales crudos a su forma líquida—, han demostrado que a la hora de extraer zumos «completos» es esencial que la fibra sea debidamente triturada, con el fin de que los componentes vitales puedan liberarse dentro del líquido. Después, el zumo debe ser exprimido a partir de la pulpa resultante por medio de una presión hidráulica o equivalente. De otro modo, no es probable que se encuentren en él las vitaminas, las enzimas ni la cantidad total de los componentes vitales de los vegetales.

Una vez obtenidos, los zumos de vegetales crudos son asimilados fácil y rápidamente por el cuerpo humano. Al ser un alimento orgánico, o vivo, regeneran todo el organismo, con resultados sorprendentemente rápidos.

Bajo ninguna circunstancia consideres que los zumos vegetales crudos son comida concentrada, o un medicamento, cuando se encuentran en su estado natural. De hecho, son uno de los alimentos menos concentrados de los que disponemos, si bien se cuentan entre los más nutritivos.

Para disipar el sinsentido relativo a la calidad concentrada de estos zumos, considera cuánto más concentrados que los zumos son estos alimentos: el grano de soja y la harina de soja son un 870% más concentrados que el zumo de zanahoria y un 940% más que el de apio; las palomitas de maíz, un 2.100% más concentradas que el zumo de zanahoria y un 2.300% más que el de apio, el azúcar blanco, un 4.200% más concentrado que el zumo de zanahoria y un 4.600% más que el de apio.

Cuando nos damos cuenta de lo colosal que es la concentración en estos alimentos en comparación con la de los zumos, podemos hacernos una idea de cuál es la causa subyacente de la acidez que se produce en el cuerpo como resultado de ingerir soja, palomitas, azúcar y otros productos por el estilo.

Si es necesario un factor aún más convincente para erradicar la falsa aseveración de que a causa de la «concentración» (o por cualquier otro motivo) estos zumos son peligrosos, compara el zumo de zanahoria con la leche de vaca fresca, no diluida: en su composición química natural, el volumen de agua de estos dos alimentos es casi idéntico. El contenido de agua natural relativo es la base sobre la que se establece la concentración de un producto.

Por supuesto, comparar la leche de vaca en cualquier sentido con el zumo de zanahoria es decididamente paradójico: la leche de vaca es probablemente el alimento más generador de mucosidad de entre todos los que consumen los seres humanos. El contenido en caseína de la leche de vaca es altísimo, aproximadamente un 300% superior al de la leche materna. (La caseína es un subproducto de la leche utilizado como una de las mejores colas para pegar madera). Esta es una de las causas de los problemas de mucosidad que experimentan tanto los niños como los adultos que crecen y crecieron bebiendo grandes cantidades de esta leche. Contrariamente a lo que se piensa, los resfriados y el goteo nasal, así como los problemas de las amígdalas, las adenoides y los bronquios, son consecuencias habituales de la mucosidad. Pues bien, el zumo de zanahoria es uno de los mejores recursos de los que disponemos contra la mucosidad.

La prodigiosa generación de mucosidad en el cuerpo como resultado de beber grandes cantidades de leche de vaca no afecta solamente a los más jóvenes sino también, y con la misma intensidad, a los adultos. En el caso de estos últimos es probable que los efectos sean mucho más desastrosos, porque a medida que la persona se hace mayor su resiliencia es progresivamente menor.

Si se necesita tomar leche, hay una que es compatible con la digestión humana, desde la infancia hasta la vejez: la leche de cabra sin procesar.

La leche de cabra pura no da lugar a mucosidades. Si se genera mucosidad tras tomarla, normalmente esto se deberá a una previa ingestión excesiva de almidones y azúcares, no a la leche de cabra. Esta leche debe consumirse *cruda* y no debe ser calentada por encima de los 47,8 °C ni pasteurizada.

En el caso de los niños no hay mejor leche que la de la madre. La siguiente mejor es la leche de cabra cruda. Se le puede agregar un poco de zumo de zanahoria fresca y cruda, lo cual será beneficioso. De hecho, la leche cruda de cabra puede añadirse a cualquier zumo de vegetales frescos y crudos satisfactoriamente. Después expondré más datos sobre la leche.

Tenemos que tener siempre presente que al consumir zumos de verduras y frutas frescas y crudas, su calidad tiene una clara incidencia en los resultados obtenidos. Cuando el jugo no se ha extraído completamente de la verdura o de la fruta, está formado igualmente por agua vital orgánica; este zumo es también beneficioso, si bien su eficacia se ve proporcionalmente reducida debido a la ausencia de las vitaminas y enzimas que se han quedado en la fibra y en la pulpa.

Cada miembro y órgano del cuerpo humano, así como cada parte que los compone, están constituidos por células microscópicas que contienen los distintos elementos enumerados anteriormente. Estas células se van agotando durante el transcurso natural de la vida humana y tienen que ser constantemente reconstruidas. Los alimentos necesarios para este fin deben ser vitales (orgánicos) e incluir una amplia provisión de los minerales y las sales vitales (orgánicos) necesarios para el eficaz mantenimiento del organismo.

Una dieta que consista, total o principalmente, en alimentos desvitalizados, inevitablemente conducirá a la degradación de las células, lo que dará lugar a enfermedades. Para evitarlo es necesario proveer al cuerpo con abundantes elementos vitales por medio de la nutrición. Cuando la degradación de las células ha tenido o está teniendo lugar, la manera natural de volver a la normalidad es purgar el organismo e iniciar un proceso de reconstrucción por medio de zumos de vegetales crudos.

Se ha demostrado más allá de cualquier duda que complementar nuestras comidas con zumos de verduras y frutas crudas es la manera más rápida y permanente de reabastecer el cuerpo con los elementos que le faltan. Ofrezco a continuación unas indicaciones útiles para el empleo de zumos correctamente extraídos.

CÓMO PROTEGERNOS CONTRA LOS PESTICIDAS Y AEROSOLES EN ESTE MUNDO INTOXICADO

Hay un factor poco conocido en relación con el efecto de los pesticidas en nuestras frutas y verduras, que debería darse a conocer al público en general.

Hemos sido capaces de determinar que los pesticidas y aerosoles pueden ser perjudiciales a la hora de consumir verduras y frutas desde el momento en que las *fibras* de dichos alimentos almacenan esas toxinas. Las enzimas, átomos y moléculas son «alérgicos» a ellos.

Lo que sigue a continuación será útil como guía para el uso de zumos correctamente extraídos. Las frutas y verduras cultivadas en un suelo desvitalizado, o con un compostaje y abono inadecuados, no tendrán los suficientes factores vitales. La falta de nutrientes de los alimentos será proporcional a la carencia de nutrientes en el suelo.

Además, aunque las condiciones de la tierra sean óptimas, los pesticidas y aerosoles entrarán en las plantas y las raíces y serán completamente absorbidos por las fibras de estas. Las plantas seguirán creciendo y desarrollándose no a causa de estas toxinas, sino a pesar de ellas, porque las enzimas, átomos y moléculas seguirán haciendo su trabajo ininterrumpidamente a pesar de que las fibras estén saturadas de toxinas.

Por ello, la pregunta que surge es: ¿cómo obtener las enzimas, átomos y moléculas de nuestros vegetales sin ingerir las fibras intoxicadas? Porque, después de todo, estas enzimas, átomos y moléculas son los elementos nutritivos que necesitamos; la fibra prácticamente no tiene valor nutritivo.

La respuesta es sencilla: cuando los vegetales son correctamente triturados, las células de las fibras se abren y esos elementos resultan liberados. Es importante tener en cuenta que estos elementos son tan incompatibles con las toxinas como el aceite con el agua. Por lo tanto, recuperarán su «virtud virginal» al no mezclarse con las fibras trituradas.

Al exprimir y colar la pulpa triturada por los medios adecuados, los átomos, moléculas y enzimas de los zumos se ven separados de las fibras y de las toxinas que saturan a estas. Así pues, hemos encontrado una respuesta a cómo evitar vernos afectados por la contaminación que infecta los productos alimenticios.

De cualquier manera, el hecho de que empleemos una trituradora eléctrica y una prensa hidráulica no excluye el uso de los aparatos centrífugos. Aunque se sepa que por medio de la acción centrífuga no podemos extraer todas las enzimas, átomos y moléculas, el extractor centrífugo cuenta con un filtro que evita que las fibras se mezclen con el jugo extraído. Así podemos obtener un zumo libre de las fibras saturadas de toxinas.

Las batidoras no son prácticas para hacer zumos. Se limitan a cortar las frutas y verduras en fragmentos tan pequeños como se desee, pero la pulpa sigue estando completamente presente. Sigamos usando las batidoras para hacer salsas, postres, etc., para lo cual son muy apropiadas.

Al elegir los vegetales y los demás alimentos, adquirámoslos en cualquier mercado o supermercado que tenga los productos más frescos y de mayor calidad, y en las tiendas de alimentos naturales. Compremos calidad. No se puede prescindir de la calidad a ningún precio, y si el coste es mayor, a largo plazo nuestra salud y por tanto nuestra economía nos lo agradecerán.

Si elegimos nuestros alimentos con estos criterios, no solo habremos elevado sus vibraciones hasta su nivel nutritivo más elevado, sino que las bendiciones que recibiremos serán muchas más de las que creemos merecer. Está en tus manos recibirlas.

¿QUÉ CANTIDAD DE ZUMO SE PUEDE TOMAR DE MANERA SEGURA?

Uno puede tomar tantos zumos como sea capaz de beber cómodamente, sin forzarse. Por regla general, medio litro diario es lo menos que permitirá ver resultados, aunque es preferible tomar entre uno y cuatro litros, o más.

Tengamos en cuenta que cuantos más zumos bebamos, más rápidos serán los resultados.

Cuando los zumos fueron aconsejados por primera vez en las salas de conferencias, se sugirió que se tomaran a pequeñas dosis. Esto se debió sin duda al hecho de que en aquellos tiempos aún no había ningún aparato en el mercado con el que poder hacer zumos en cantidades razonables. Llenar un vaso de zumo por medio de un exprimidor manual era lento y difícil. Defender el consumo de cantidades mayores de zumo habría hecho que se vendiesen sin duda pocos exprimidores manuales, a causa del esfuerzo que implicaba usarlos.

¿Cómo extraer los zumos?

Hoy, la trituradora eléctrica más la prensa hidráulica es lo más eficaz. Hay dos motivos que hacen aconsejable este doble proceso: primero, extraer los elementos minerales y químicos, las vitaminas y las hormonas de las células microscópicas de las fibras de las frutas y verduras, y segundo, reunir todo eso y separarlo, junto con el zumo, de la fibra.

Los exprimidores manuales solo pueden exprimir parcialmente la fibra; como son incapaces de triturar, no es posible extraer con ellos todos los componentes vitales de los vegetales. La trituración es fundamental para obtener estos elementos vitales.

De cualquier modo, los exprimidores centrífugos y otros aparatos por el estilo son útiles cuando no es de suma importancia que los zumos tengan una calidad suprema. Además, estas máquinas no requieren la gran inversión de dinero de una trituradora y una prensa hidráulica.

El exprimidor de zumos centrífugo consiste en una placa que gira a gran velocidad más una superficie con rejilla en la parte inferior de la cesta de la máquina. Como la rotación es muy rápida, la pulpa que cae exprimida en el plato del fondo es arrojada por la fuerza centrífuga contra los lados de la cesta perforada; así el zumo resulta separado de la pulpa y es recogido desde una boquilla.

Por supuesto, es comprensible que sea física y mecánicamente imposible extraer todo el jugo por medio de esta acción centrífuga, pero el así obtenido es en general aceptable. Aunque no se debe tardar en beberlo.

A pesar de las desventajas de este método de extracción, no deja de ser muy beneficioso tomar esos zumos. El agua natural de los zumos es, después de todo, agua orgánica, y como tal tiene un gran valor. Las vitaminas y los ingredientes minerales contenidos en estos zumos son muy saludables.

Cuando hablamos de agua, lo primero que nos viene a la mente de manera natural es la que sale del grifo o de una fuente, o incluso el agua de lluvia. Pocas personas se detienen a considerar, o incluso a advertir, que hay un agua vital orgánica y otra que es inorgánica. La naturaleza ha dispuesto la vegetación como el laboratorio en el que convertir el agua inorgánica de la lluvia y los arroyos en los átomos llenos de vida del agua vital orgánica. El agua del grifo no es solamente inorgánica en sí misma; también lo es porque los átomos que la componen son elementos minerales, totalmente desprovistos del principio de la vida. Casi todas las ciudades contaminan el suministro de agua con cloro inorgánico y otros productos químicos, con lo que la hacen realmente inadecuada para el consumo humano o animal. La de los ríos, fuentes y arroyos también es inorgánica, puesto que es agua de lluvia.

La única fuente de la que obtener agua vital, orgánica, es a través de las plantas; nuestras frutas y verduras, y especialmente los zumos que obtenemos de ellas. Estos zumos, sin embargo, deben ser crudos con el fin de conservar su calidad orgánica vital; así pues no tienen que ser cocinados, procesados, enlatados o pasteurizados.

Cuando los zumos han sido cocinados, procesados, enlatados o pasteurizados, todas sus enzimas se han destruido y sus átomos han pasado a ser inorgánicos, muertos. Esto ocurre tanto con el H_2O (agua) del zumo como con los átomos minerales y químicos que hay en él.

Convertir los vegetales en una «papilla» líquida o semilíquida sin erradicar la celulosa tiene poco valor. Beber zumos no solo permite al cuerpo asimilar todos los elementos vitales de manera rápida y eficaz, sino que le permite hacerlo sin cargar a los órganos digestivos con el trabajo requerido por la presencia de la pulpa-celulosa.

Beber zumos correctamente elaborados permite al organismo asimilarlos en un plazo de entre diez y quince minutos. En cambio, la presencia de pulpa en los denominados vegetales líquidos o licuados, o en los zumos que contienen la pulpa, hará que sean necesarias horas para digerirlos.

Además, beber zumos cuya pulpa no ha sido extraída exige más a los órganos digestivos que comer y masticar correctamente las verduras y frutas crudas, desde el momento en que una correcta salivación y masticación es esencial para llevar a cabo la completa digestión de las verduras cuando la fibra de celulosa está presente. Pero habitualmente no salivamos ni masticamos si la fibra forma parte de las frutas y hortalizas licuadas. En cambio, en el caso de los zumos cuya fibra ha sido apartada, cada partícula alimenticia será asimilada por el cuerpo de manera inmediata, rápida y sin interferencias.

Los zumos vegetales contienen todos los elementos vitales, es decir, todos los minerales, vitaminas y sales orgánicos contenidos en los vegetales, siempre que hayan sido adecuadamente elaborados. Esta elaboración empieza con una trituración o molienda exhaustiva que rasgue y abra las fibras de los vegetales y los reduzca completamente a una pulpa tan fina que podría ser extendida casi como si de compota de manzana se tratase. A continuación se dispone esta pulpa sobre una tela filtrante y se estruja por medio de una prensa hidráulica o semejante —que no tiene que ser muy grande; debe poderse operar con ella en la mesa de la cocina—, la cual ejerce muchas toneladas de presión. De este modo obtenemos un zumo que, comparado con los que se elaboran de manera ineficiente, es tan distinto de estos como lo es la nata de la leche.

Ten en cuenta que la cantidad de zumos que va a necesitar tu cuerpo va a depender de su calidad. Normalmente se requerirá una mayor cantidad de zumos extraídos por acción centrífuga para obtener los mismos resultados que con los zumos hechos con una trituradora más una prensa hidráulica.

Ten en mente a todas horas, y de manera destacada, que los zumos son con diferencia el mejor alimento que podemos consumir, y que si los tomamos durante toda nuestra vida lo más probable será que tengamos una existencia más larga y saludable que si no los tomamos.

La importancia de un colon limpio

Algo que conviene de recordar cuando seamos presas de la fatiga, la angustia o determinadas reacciones corporales es el hecho de que nuestro colon es tal vez responsable de más problemas y dificultades en nuestra anatomía que todas las otras causas y situaciones juntas. Y la experiencia nos ha demostrado que es absolutamente imposible que el colon se desarrolle normalmente y funcione de forma satisfactoria cuando uno vive sobre todo de alimentos cocinados y procesados. Así pues, podemos asumir que es casi imposible encontrar muchos cólones que estén perfectos.

Si no tenemos esta parte del intestino grueso en condiciones óptimas, el primer paso que debemos llevar a cabo es hacernos una serie de limpiezas de colon, en caso de ser posible, o al menos cierta cantidad de enemas, hasta que la causa del problema esté bajo control. Entonces los zumos de frutas y verduras frescas y crudas tendrán más posibilidades de llevar a cabo hasta el final los procesos regenerativos. El mejor alimento para el colon es la combinación de zumo de zanahoria y espinacas.

Muchas personas no tienen ni la menor idea de lo que es el colon, cuál es su aspecto o dónde está ubicado en el cuerpo. He dibujado e incluido un diagrama de la terapia del colon con el fin de que lo enmarques y lo cuelgues en la pared de tu casa o de tu oficina, porque considero que es de la mayor importancia.

Conclusiones

Cuanto antes nos demos cuenta de que ningún órgano corporal trabaja mecánica o automáticamente sin

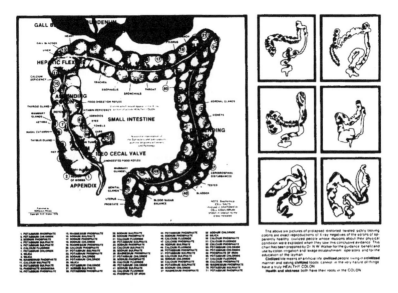

relacionarse con el resto del cuerpo como un todo, antes seremos capaces de controlar las funciones de nuestro organismo. No sabemos qué clase de inteligencia poseen las distintas partes del organismo humano ni cómo opera; lo que sí sabemos es que hay algún tipo de inteligencia inherente que intenta proteger cada glándula, hueso, nervio y músculo de nuestra anatomía a pesar de lo que hacen muchos seres humanos, normalmente por desconocimiento, para autodestruirse por medio de los alimentos que ingieren.

La búsqueda de las causas de cualquier trastorno o enfermedad nos llevaría probablemente, ante todo, a las estanterías de latas de los supermercados, a los molinos de harina y a las fábricas de azúcar, de dulces y de refrescos sintéticos. Deberíamos investigar los productos que contienen los átomos muertos que la civilización moderna ha intentado desarrollar como alimentos y nutrición para el cuerpo humano. No podemos tener vida y muerte a la vez. Los gobiernos no permiten que se venda ninguna comida enlatada a menos que cualquier vestigio de vida de ese alimento haya sido completamente destruido, porque de otro modo el producto se estropearía. Ningún pan o cereal procesado es ingerido hasta que ha pasado por el calor del horno, el cual destruye cualquier elemento vivo que pudiera haber estado presente en él. «Enriquecer» este pan solamente le añade más átomos muertos.

Al analizar la situación de la comida desde estos ángulos, es obvio que, podamos o no vivir enteramente a base de alimentos crudos y vivos —a causa de nuestra elección, del entorno o de las circunstancias—, el consumo de una variedad abundante de zumos de fruta y verduras frescas y crudas es fundamentalmente esencial. Es importante recordar que los zumos de verduras son los constructores del cuerpo por excelencia, mientras que los de frutas son sobre todo los purgadores. Los primeros contienen una alta proporción de elementos proteicos, mientras que los segundos contienen un elevado porcentaje de hidratos de carbono.

Hemos descubierto, y esperamos que el mundo en general lo descubra también, que limpiar el cuerpo por medio de irrigaciones del colon y enemas, así como de ingerir suficientes alimentos crudos y beber diariamente una cantidad y variedad suficiente de zumos vegetales frescos y crudos, nos permitirá prescindir, o casi, de experimentar trastornos y enfermedades.

ZUMOS VEGETALES:
USOS Y BENEFICIOS

✿

LOS ZUMOS
Zumo de acedera

El zumo de la acedera francesa, con sus hojas anchas, es excelente a la hora de ayudar a los intestinos lentos y prolapsados a volver a sus funciones normales, siempre que se lleven a cabo las tan necesarias irrigaciones del colon y enemas con el fin de eliminar del intestino los materiales de desecho acumulados.

Este vegetal es rico en oxalato de potasio, el cual resulta valioso para el organismo humano solamente en estado crudo, que es el estado vital orgánico. Nunca debería tomarse cocinado.

Contiene un porcentaje especialmente elevado de hierro y magnesio, que la sangre necesita continuamente, y vastas cantidades de fósforo, azufre y silicio, elementos purgadores que son utilizados por todas las partes del organismo, desde la cabeza hasta los pies. La combinación de estos valiosos elementos hace que este zumo sea de lo más recomendable de cara a nutrir todas las glándulas del cuerpo.

Zumo de ajo

Metafóricamente hablando, el ajo en sí mismo es suficientemente «malo», pero el zumo de ajo puede ir más allá y condenar al ostracismo social a quien se lo beba. Es muy beneficioso, si uno tiene la fortaleza mental de superar los hándicaps sociales y la fortaleza intestinal necesaria para soportar la incomodidad general que acompaña a la limpieza más o menos rápida del organismo que provoca.

El ajo es rico en aceites de mostaza, y esto, conjuntamente con la combinación de elementos purgantes que lo componen, tiene un efecto muy beneficioso en todo el organismo, que va desde la estimulación del apetito y de la secreción de jugos gástricos hasta la estimulación de la acción peristáltica y diurética.

Los éteres del zumo de ajo son tan potentes y penetrantes que contribuyen a la hora de disolver las acumulaciones de mucosidad en las cavidades nasales, en los bronquios y en los pulmones. Además, ayudan a exudar las toxinas del cuerpo a través de los poros de la piel, hasta el punto de que me pregunto si los efluvios de la fragancia son mejores que las toxinas que dormitan en nuestro interior...

El zumo de ajo ha demostrado ser muy efectivo a la hora de ayudar a eliminar los parásitos intestinales. La disentería puede ser combatida más eficazmente con este zumo; la amebiana responde a él no menos que otros tipos de disentería.

Los parásitos y gérmenes, sean amebas u otros tipos de parásito, no pueden vivir a menos que dispongan de alimento para prosperar. Si los órganos de evacuación están llenos de residuos putrefactos, los gérmenes estarán presentes en ellos por millones de manera natural, y si más material de desecho se añade acumulativamente a causa de la ingestión diaria de carne, otros alimentos inorgánicos y medicamentos, estos gérmenes y parásitos estarán en su salsa, de modo que se multiplicarán y propagarán. Esto es maravilloso para los gérmenes, pero desestabilizante para la víctima. El zumo de ajo ayuda a erradicar en gran parte este problema, pero tenemos que ir mucho más lejos para eliminar la causa. Los baños intestinales por medio de irrigaciones del colon y enemas han demostrado ser esenciales hasta que los residuos han sido totalmente eliminados. Después, la dieta tiene que planificarse de tal manera que la comida sea asimilada lo máximo posible con la menor retención posible de residuos en el cuerpo. Esto se ha logrado con éxito gracias a una suficiente cantidad y variedad de zumos vegetales frescos y crudos complementando una dieta crudívora equilibrada.

Hay que poner de relieve el hecho de que habría que descartar el aparato que se haya utilizado para preparar los zumos de ajo para elaborar otros zumos, porque será casi imposible erradicar el olor del ajo durante varios días, de modo que cualquier otro zumo que se realizase con ese aparato resultaría impregnado con ese sabor.

Zumo de alcachofa de Jerusalén

Este vegetal, si está debidamente triturado y prensado, puede proporcionar un litro y medio de zumo por cada 1,8 kilos del vegetal mismo. Es rico en elementos minerales alcalinos, sobre todo potasio, que representa más del 50% de todo el resto de los elementos minerales juntos.

La alcachofa de Jerusalén es el tubérculo de una especie de girasol que crece extensamente en Italia. Curiosamente, la palabra italiana *girasole* ha derivado en el anglicismo *Jerusalem*.

En estado crudo, este vegetal contiene la enzima inulasa y una gran cantidad de inulina. La inulina es una sustancia parecida al almidón y se transforma en fructosa por acción de la inulasa. Es, por consiguiente, un tubérculo que los diabéticos pueden consumir con tranquilidad. Su zumo es muy beneficioso y sabroso, tanto si se toma solo como mezclado con zumo de zanahoria.

Zumo de alfalfa

Los vegetales transforman y vitalizan milagrosamente las sustancias inanimadas, convirtiéndolas en células y tejidos vivos.

El ganado come vegetación, cruda, para alimentarse. Estos animales llevan a sus órganos digestivos un organismo vivo y lo convierten en otro organismo vivo aún más complejo.

Los vegetales, por su parte, tanto si se trata de verduras como de frutas, plantas o hierba, toman elementos inorgánicos del aire, el agua y la tierra, y los convierten en elementos orgánicos vivos. Para ser más concretos los vegetales necesitan, para crecer, nitrógeno y carbono que toman del aire; minerales, sales minerales y más nitrógeno, que toman de la tierra, y por supuesto, oxígeno e hidrógeno, que toman del agua.

Los factores más vitales y potentes en este proceso de conversión son las enzimas y la influencia tan favorable a la vida de los rayos del sol, que genera la clorofila.

La molécula de la clorofila está hecha de una red de átomos de carbono, hidrógeno, nitrógeno y oxígeno alrededor de un único átomo de magnesio. Es interesante comparar este diseño con el de la hemoglobina de nuestros glóbulos rojos, que tiene una red semejante de elementos, pero en este caso girando alrededor de un átomo de hierro en vez de uno de magnesio.

En esta analogía encontramos uno de los secretos del valor de la clorofila para el organismo humano. Los vegetarianos estrictos —cuya dieta no contiene cereales ni almidones pero sí que incluye abundantes zumos frescos, con una buena proporción de zumos verdes— están más sanos, más libres de las enfermedades degenerativas y viven más años que aquellos en cuya dieta abundan los alimentos cocinados y escasean (o ni existen) los vegetales frescos y los zumos. Parece que tenemos aquí una evidencia bastante concluyente acerca de qué régimen dietético es el correcto o natural para la salud del ser humano.

Uno de los alimentos más ricos en clorofila es la alfalfa. Teniendo en cuenta todos los demás factores, la alfalfa permite que tanto los animales como los humanos lleguen a edades avanzadas sanos y vitales; también proporciona una resistencia a las infecciones que raya en lo espectacular.

La alfalfa es una hierba leguminosa especialmente valiosa. No es solo rica en los principales componentes minerales y químicos que constituyen el cuerpo humano sino que también tiene muchos oligoelementos obtenidos bastante dentro de la tierra, puesto que sus raíces alcanzan profundidades de entre nueve y treinta metros.

Señalaría como algo particularmente interesante de la alfalfa la gran calidad y cantidad de calcio, magnesio, fósforo, cloro, sodio, potasio y silicio que contiene en un buen equilibrio. Todos estos elementos son muy necesarios para el correcto funcionamiento de los distintos órganos corporales.

La alfalfa es muy usada como forraje para el ganado, pero sus hojas son de un valor inmenso para elaborar zumos, cuando pueden conseguirse frescas. Es también conocida como hierba de Lucerna, mientras que en Inglaterra se la conoce como mielga púrpura.

Puesto que la alfalfa se adapta a muy distintas condiciones de suelo y clima, de manera que incluso crece bien en terrenos alcalinos, no hay excusa para no cultivarla en el jardín de casa, puesto que es difícil obtenerla en la ciudad.

O bien, si no podemos conseguir alfalfa fresca, hagamos germinar sus semillas y añadamos estos germinados a nuestras comidas. Los germinados brotan fácilmente y aportan muchos beneficios.

El zumo de alfalfa es demasiado fuerte y potente para tomarlo solo. Es mejor beberlo mezclado con zumo de zanahoria; combinados, los beneficios individuales de ambos zumos se intensifican. Esta combinación ha demostrado ser de mucha ayuda en la mayor parte de los problemas arteriales y disfunciones cardíacas.

Está generalmente admitido, por parte de quienes han estudiado los efectos de los gases intestinales, que en el caso de una cantidad sorprendentemente alta de pacientes aquejados de problemas cardíacos, estos no se deben a ninguna disfunción orgánica del corazón. Lo que ocurre en estos casos es que hay demasiado gas en el colon, que ejerce presión sobre sus paredes, las cuales a su vez ejercen presión sobre órganos conectados con el corazón. En general, unas cuantas limpiezas del colon, o enemas, han mitigado estos problemas. La afección cardíaca desaparece hasta que la próxima acumulación de gas advierte de que el colon, no el corazón, necesita una puesta a punto exhaustiva.

Además de ser beneficiosa para la sangre y las afecciones cardíacas, la clorofila es muy útil para atenuar las molestias y problemas respiratorios, especialmente en las cavidades nasales y en los pulmones. La mucosidad es la causa subyacente de la sinusitis, así como de problemas bronquiales y de asma, incluida la fiebre del heno.

Los vegetarianos estrictos que evitan la leche de vaca, la harina, los cereales y los productos que contienen azúcar concentrado no se ven afectados por estos problemas, especialmente si desde la infancia se les enseñó a evitar estos alimentos. Esto no es de ninguna de las maneras fanatismo; se trata de puro sentido común, algo perfectamente natural y demostrado por la experiencia más allá de cualquier duda o cuestionamiento.

La buena noticia es que quienes adoptan el sistema vegetariano ya de adultos también pueden superar estos problemas sin recurrir ni a la cirugía ni a los medicamentos.

Después de todo, la sinusitis es el resultado del trabajo de nuestros amigos que contribuyen a defendernos, los gérmenes, que intentan ayudarnos a disolver las acumulaciones de mucosidad para que estas puedan ser eliminadas del organismo. Pero nosotros, en vez de ayudarles a limpiar el cuerpo de estos materiales de desecho por medio de limpiezas del colon y enemas, llevamos a cabo intentos de «secar» la mucosidad y «contraer las membranas» con aplicaciones de adrenalina, epinefrina u otros medicamentos. Incluso las sulfamidas, que hoy se sabe que son dañinas, son utilizadas a veces sin ninguna consideración o comprensión en cuanto a los daños, lesiones y peligros eventuales que pueden derivarse de su uso.

Los resultados más perjudiciales tienen lugar cuando los materiales de desecho, que consisten sobre todo en estos medicamentos y en los residuos de estas colonias de gérmenes, permanecen en la parte «infectada» y en las áreas adyacentes a esta en vez de ser eliminados lo más rápidamente posible. Nuestro cuerpo tiene los sistemas de eliminación más perfectos, si conseguimos que trabajen de la manera más eficiente.

Nuestros pulmones deben estar libres de aire viciado, humo de tabaco, etc.; nuestra piel, activa, de tal manera que puedan salir por los poros las toxinas que la linfa haya llevado hasta ellos; nuestros riñones, tener libertad de acción, sin verse interferidos por el alcohol ni por productos que contengan ácido úrico, y nuestro colon, recibir la limpieza interna que necesite para eliminar los residuos acumulados en él durante treinta, cuarenta, cincuenta años o más.

Esto es solamente una parte del programa. Las células y tejidos del conjunto del cuerpo deben recibir alimentos orgánicos, vivos. Esto significa que, por lo menos durante un tiempo, deberíamos evitar en la medida de lo posible todos esos alimentos cuya energía vital, cuyos elementos vitales han sido destruidos por la acción del calor o del procesamiento. Nos podemos guiar por los contenidos de mi libro *Diet & Salad Suggestions*, que ha recibido innumerables elogios por parte de lectores que se han beneficiado de poner en práctica las sencillas reglas y los menús que contiene.

Al zumo de zanahoria y alfalfa puede añadírsele zumo de lechuga, con el fin de enriquecer la combinación con ingredientes particularmente necesarios para las raíces del cabello. Beber esta mezcla a diario, medio litro al día, puede ayudar considerablemente al crecimiento del cabello.

Zumo de apio

El valor más grande del apio crudo reside en el hecho de que contiene un porcentaje excepcionalmente alto de sodio vital, es decir, orgánico. Una de las propiedades químicas del sodio es que conserva el calcio en solución. Esto es particularmente así en el cuerpo humano, como vamos a ver a continuación.

El apio crudo contiene cuatro veces más sodio vital, orgánico, que calcio. Este hecho lo convierte en uno de los zumos más valiosos para las personas que han consumido almidones y azúcares concentrados más o menos sistemáticamente durante toda su vida. Pan, galletas, pasteles, cereales, dónuts o espaguetis —de hecho, todos los alimentos y productos alimenticios que contienen harina— pertenecen a la categoría de los almidones concentrados. El azúcar blanco, moreno y cualquier otra clase de azúcar que haya sido manufacturado o procesado, así como cualquier producto alimenticio que los contenga —incluidos caramelos, refrescos, helados comerciales, etc.— pertenecen muy claramente a la categoría de los hidratos de carbono concentrados.

La experiencia nos ha enseñado que los alimentos mencionados son destructivos. Su consumo continuado lleva a la carencia nutricional y de ahí a una alarmante cantidad de enfermedades.

Se ha constatado que estos hidratos de carbono concentrados forman parte sin duda de los más destructivos de nuestros alimentos «civilizados». La naturaleza nunca concibió que los procesos digestivos humanos fuesen destinados a convertir estos denominados «alimentos» en comida para las células y tejidos del cuerpo. Incluso desde antes de la adolescencia está claro que estos productos provocan la degeneración del organismo humano. Considerar que en el breve lapso de cuarenta o sesenta años llegamos a la vejez es nada menos que un insulto directo a la naturaleza y a nuestro Creador. Es un reconocimiento vergonzoso de que no sabemos cómo vivir y no nos hemos tomado la molestia de aprender los principios básicos de la regeneración de nuestros cuerpos. Es una confesión de que nos devoramos a nosotros mismos hasta acabar en la tumba, solo para satisfacer nuestros apetitos.

En primer lugar, el calcio es uno de los elementos más fundamentales de nuestra dieta; pero debe ser consumido orgánicamente, y por medio de átomos vitalmente *orgánicos*. Cuando cualquier alimento que contiene calcio es cocinado o procesado, como ocurre con cualquiera de los compuestos por hidratos de carbono mencionados anteriormente, el calcio se convierte de forma automática en átomos *inorgánicos*. Como tales, no son solubles en agua, y no pueden proporcionar el alimento que nuestras células necesitan para regenerarse. Además, las enzimas, que resultan destruidas a partir de los 54,4 °C, convierten los átomos en materia muerta. El resultado es que estos «alimentos» atascan literalmente el organismo, lo cual da lugar a afecciones como la artritis, la diabetes, los trastornos cardíacos, las varices, las hemorroides y los cálculos biliares y renales.

En segundo lugar, estos depósitos de calcio inorgánico, al estar desprovistos de vida, se acumulan cada vez más, si no se hace nada para que el cuerpo los elimine. Sin embargo, en presencia del sodio vital orgánico, y con la ayuda de otros elementos y procesos que se describen más adelante en este libro, pueden desprenderse y conservarse en solución hasta ser expulsados del organismo. Estos procesos se explicarán con gran detalle en la introducción de la parte dedicada a los usos terapéuticos de los zumos.

El sodio juega un papel muy importante en los procesos fisiológicos corporales. Uno de los más importantes es la conservación de la fluidez de la sangre y la linfa, para evitar que se vuelvan demasiado espesas. El único sodio que tiene algún valor a este respecto es el sodio vital, orgánico, que se obtiene de las verduras frescos y de algunas frutas.

El apio es rico en sal (sodio)

La sal de mesa «normal» está compuesta por elementos inorgánicos insolubles. Las varices, el endurecimiento de las arterias y otras dolencias se remontan a su uso excesivo.

La sal es necesaria para generar los fluidos digestivos del organismo y para que estos puedan llevar a cabo sus funciones. Sin ella una buena digestión es prácticamente imposible, pero esta sal debe ser totalmente soluble en el agua.

Todas las células del cuerpo están, de forma constante, bañadas en una solución de agua salina, y si esta no se conserva al nivel necesario empieza la deshidratación.

En la producción comercial de la sal de mesa se utilizan temperaturas extremadamente altas, de unos 815 °C, para solidificar la sal con aditivos y adulterantes. Esto se hace con el fin de recubrir los cristales de sal para conseguir que esta se vierta fácilmente bajo casi cualquier condición.

Esta sal no es totalmente soluble en el agua. Para superar este inconveniente, siempre que tengo que usar sal utilizo sal de roca, la sal de roca pura que se usa en las depuradoras.

La sal de roca se obtiene de formaciones rocosas de sodio y no está sometida al calor. Esta sal sí es soluble en agua, y su consumo, si se efectúa por supuesto con moderación, no es perjudicial para el organismo. Con el fin de utilizarla la pulverizamos hasta que llegue a ser tan fina como deseemos, por ejemplo con un molinillo de café o con un mortero.

Esta sal de roca es un catalizador natural que las enzimas del cuerpo pueden utilizar constructivamente. A menudo la sal de roca contiene estos elementos:

- Cloruro de sodio   90 a 95%
- Sulfato de calcio   0,05 a 1%
- Sulfato de magnesio 0,05 a 1%
- Cloruro de magnesio 0,05 a 1%

El contenido en humedad puede ir desde el 2,5 hasta el 6%, y ocasionalmente hay trazas de materias insolubles.

La sal de mesa habitual es probable que contenga, además de los elementos anteriores, los siguientes, en distintas proporciones:

- Cloruro de potasio
- Sulfato de potasio
- Bromuro de magnesio
- Cloruro de calcio
- Sulfato de sodio
- Cloruro de bario
- Cloruro de estroncio

La mayor parte de estos elementos tienden a inhibir la disolución de la sal en el agua.

Cuando el tiempo es cálido y seco, encontramos muy refrescante y reconfortante beber un vaso lleno de zumo de apio fresco y crudo por la mañana y otro por la tarde, entre comidas. Esto tiene el efecto de normalizar la temperatura corporal, con el resultado de que nos sentimos perfectamente a gusto mientras quienes están a nuestro alrededor se hallan empapados de sudor.

El sodio es uno de los elementos más importantes de cara a eliminar el dióxido de carbono del organismo. La carencia de sodio vital orgánico desemboca en problemas bronquiales y pulmonares, los cuales se ven agravados por la presencia de materiales extraños en los estos órganos, tales como el humo del tabaco. Esta carencia es una de las causas concomitantes del envejecimiento prematuro, sobre todo en las mujeres. De hecho, las fumadoras envejecen unos quince años durante cada lustro en que fuman.

La nicotina es en gran medida la causa de los denominados «nervios de punta». Fumar no alivia el nerviosismo en modo alguno, sino que más bien lo exacerba. El tabaco da lugar solamente a un estado de bienestar temporal a costa de una degeneración de los tejidos más o menos permanente. Además, el humo del tabaco tiene el efecto de inhibir las papilas gustativas.

La combinación del zumo de apio con otros zumos es generalmente beneficiosa. Ciertas fórmulas han sido utilizadas para ayudar a acabar con las carencias y otros problemas corporales, con resultados extraordinarios. Cuando el zumo de apio se combina con otros, la proporción de los elementos de cada zumo individual se ve por supuesto alterada, para dar lugar a la suma total de los elementos semejantes contenidos en todos estos zumos. Así, obtenemos una fórmula completamente distinta, cuando combinamos los zumos, de la que tenemos en cualquiera de los zumos individualmente. El descubrimiento del efecto de estas combinaciones y fórmulas ha demostrado ser increíblemente beneficioso para la humanidad, con independencia de la edad.

En el caso de las dolencias nerviosas que son consecuencia de la degeneración del revestimiento de los nervios, el consumo abundante de zumo de zanahoria y apio ha ayudado a restablecerlos a su estado natural, y así a aliviar o superar la aflicción.

El apio es muy rico en hierro y magnesio, una combinación que es de un valor inestimable como alimento para las células sanguíneas. Muchas afecciones del sistema nervioso y sanguíneo se deben principalmente a los elementos minerales inorgánicos y sales suministrados al cuerpo a través de alimentos desvitalizados y de sedantes.

Si la dieta no cuenta con un adecuado contenido en azufre, hierro y calcio, o incluso si estos elementos están presentes en abundancia pero en forma desvitalizada, inorgánica, las consecuencias pueden ser el asma, el reumatismo, las hemorroides y otros trastornos. Unas proporciones desequilibradas de azufre y fósforo en la dieta pueden dar lugar a irritabilidad mental, neurastenia e incluso demencia. Además, muchas enfermedades atribuidas hasta el día de hoy a un exceso de ácido úrico en el organismo pueden tener en realidad su origen en el consumo de alimentos demasiado ricos en ácido fosfórico y demasiado pobres en azufre. La mezcla del zumo de zanahoria con el de apio proporciona un equilibrio de estos minerales orgánicos en excelente combinación para combatir la tendencia a padecer estas enfermedades y ayudar a restablecer la normalidad allí donde se han originado estos trastornos.

Zumo de berros

Este zumo es sumamente rico en azufre, el cual suma más de un tercio de todos los elementos minerales y sales contenidos en el berro. Casi el 45% de los componentes del berro son formadores de ácidos, incluidos el azufre, el fósforo y el cloro. Puesto que es un purgador intestinal muy potente, nunca debería tomarse solo, sino consumirse siempre junto con otros zumos, mezclado, por ejemplo con el de zanahoria o apio.

Entre los elementos alcalinos que contiene el berro predomina el potasio, que constituye un poco más del 20%, mientras que el calcio es alrededor de un 18%; el sodio, un 8%; el magnesio, un 5%, y el hierro, un 0,25%, aproximadamente.

Una combinación de zumo de zanahoria y espinacas con un poco de zumo de lechuga, hojas de nabo y berros contiene los ingredientes esenciales para la regeneración normal de la sangre, y sobre todo para incrementar la transmisión del oxígeno al torrente sanguíneo. Esta combinación alimenticia es excelente en caso de anemia, tensión arterial baja y peso bajo.

Una combinación de zumo de zanahoria, espinacas, hojas de nabo y berros tiene propiedades que ayudan a disolver la fibrina de la sangre coagulada en las hemorroides y muchas clases de tumores. Se ha demostrado que el consumo diario de un litro de esta combinación, junto con la eliminación de la dieta de todas las harinas y azúcares, y preferiblemente también la carne, acaba con estos problemas en un plazo de entre uno y seis meses de una manera perfectamente natural, siempre que no haya habido intervención quirúrgica, en cuyo caso el proceso podría llevar más tiempo (lee el apartado dedicado al zumo de nabo, en el que el tema de las hemorroides se trata más ampliamente, en la página 75).

El zumo de berros es un valioso complemento de los zumos de zanahoria, perejil y patata como una combinación útil para los pacientes de enfisema, que se benefician del predominio del fósforo y el cloro presentes en el berro.

Zumo de boniato

El boniato no está en modo alguno relacionado, botánicamente, con la patata convencional. Contiene un tercio más de hidratos de carbono, en forma de azúcares naturales, que la patata, el triple de calcio, el doble de sodio, más del doble de silicio y cuatro veces más cloro. El zumo de boniato aporta, por tanto, más beneficios generales que el de patata. Ahora bien, hay que elegir con cuidado los boniatos, puesto que se echan a perder más rápidamente por efecto de los golpes y las zonas podridas, que afectan enseguida a la totalidad del tubérculo. En cambio, las patatas aguantan mejor un trato más brusco y descuidado.

Zumo de cebolla

De alguna manera más suave que el ajo, con un aroma menos picante, la cebolla y su zumo nos construyen físicamente, sin ninguna duda, en un grado notable, aunque al mismo tiempo nos apartan socialmente.

Lo que he indicado sobre el ajo es casi enteramente aplicable a la cebolla y su zumo. Solo tengamos en cuenta que lo que podemos denominar la atmósfera repelente del ajo y su zumo es de alguna manera menos agresiva en el caso de la cebolla.

Zumo de chirivía

Este zumo tiene un contenido muy bajo en calcio y mucho más bajo en sodio, pero es muy rico en potasio, fósforo, azufre, silicio y cloro. A causa de su bajo contenido en calcio y sodio, el valor alimenticio general de este vegetal no es tan grande como el de algunos de los otros tubérculos, pero el valor terapéutico del zumo de sus hojas y raíces lo sitúa en un lugar elevado en la lista de los zumos beneficiosos.

Su alto contenido en silicio y azufre es de mucha ayuda a la hora de corregir el problema de las uñas quebradizas, mientras que el fósforo y el cloro son especialmente beneficiosos para los pulmones y los bronquios. Esto convierte este zumo en un alimento excelente para quienes sufren tuberculosis y neumonía, así como para los aquejados de enfisema.

El alto contenido en potasio tiene un valor tan excelente para el cerebro que este zumo se ha mostrado efectivo en el caso de muchos desórdenes mentales.

ADVERTENCIA: lo anterior es solamente aplicable a las chirivías cultivadas. La variedad salvaje no debe usarse para hacer zumos, porque contiene algunos ingredientes tóxicos.

Zumo de col

Las úlceras de duodeno han respondido casi milagrosamente al zumo de col. El único inconveniente es que con frecuencia genera un gas excesivo. En cualquier caso, el zumo de zanahoria ha sido utilizado con el mismo éxito, y la mayoría de la gente lo encuentra más sabroso.

El zumo de col tiene fantásticas propiedades como purgante y adelgazante. Pero a veces tiende a generar molestias por el gas que, como he indicado, se forma en los intestinos tras tomarlo. Este gas es el resultado de la acción disolutiva del zumo de col sobre los residuos putrefactos presentes en los intestinos, que da lugar a una reacción química. Esto es algo natural: el hidrógeno sulfurado, que es un gas que desprende un olor desagradable, se forma como consecuencia de los componentes limpiadores del zumo actuando sobre los desechos y disolviéndolos. Los enemas y las limpiezas de colon ayudan a eliminar tanto este exceso de gas como los residuos que lo han causado.

Las propiedades más valiosas de la col son su elevado contenido en azufre y cloro, así como su porcentaje relativamente alto de yodo. La combinación del azufre con el cloro da lugar a una limpieza de la membrana mucosa del estómago y el tracto intestinal, pero esto solo es así cuando el zumo de col se toma crudo y sin añadirle sal.

Cuando se experimenta un gas excesivo u otras molestias tras beber zumo de col cruda, sea solo o combinado con otros zumos vegetales crudos, ello puede ser indicativo de una situación tóxica anormal en el tracto intestinal. En este caso se ha visto recomendable, antes de consumir mucho de este zumo, limpiar los intestinos a fondo bebiendo zumo de zanahoria, o de zanahoria y espinacas, diariamente durante dos o tres semanas, y haciéndose enemas a diario. Se ha visto que una vez que los intestinos son capaces de asimilar el zumo de col, este se convierte en un purgante extraordinario, sobre todo en caso de que la persona tenga un exceso de tejido adiposo (sobrepeso).

Cuando al zumo crudo de zanahoria se le añade el zumo crudo de col, obtenemos una excelente fuente de vitamina C como medio de limpieza, que es especialmente pertinente en caso de inflamación de las encías cuando esta acaba convirtiéndose en piorrea. Sin embargo, cuando la col es hervida o deshidratada por medio de un calor excesivo, la efectividad de sus enzimas, vitaminas, minerales y sales es destruida. Cincuenta y cuatro kilos de col cocinada o en conserva no podrían ofrecer la misma vitalidad alimenticia que es asimilada al beber un cuarto de litro de zumo de col cruda correctamente preparado.

El zumo de col ha resultado muy eficaz para ayudar a aliviar las úlceras y mitigar el estreñimiento. Puesto que el estreñimiento es normalmente la primera causa de las erupciones cutáneas, estas también se han visto disipadas gracias al consumo racional de este zumo.

Añadir sal a la col o al zumo de col no solo acaba con sus prestaciones, sino que es incluso perjudicial.

Zumo de col rizada

La col rizada tiene en gran medida la misma composición química que la col y puede consumirse de la misma manera. Consulta el apartado dedicado al zumo de col, en la página 57.

Zumo de coles de Bruselas

El zumo de coles de Bruselas mezclado con el de zanahoria, judía verde y lechuga ofrece una combinación de elementos que ayuda a fortalecer y regenerar la capacidad generadora de insulina de las funciones pancreáticas de nuestro aparato digestivo. Por este motivo, esta combinación de zumos ha demostrado ser extraordinariamente beneficiosa en casos de diabetes.

Estos beneficios, de cualquier modo, se han obtenido cuando se han evitado todos los almidones y azúcares concentrados, y cuando las limpiezas de colon y enemas se han usado regularmente para eliminar los residuos del organismo.

Zumo de diente de león

Este zumo es uno de los tónicos más valiosos. Es útil para contrarrestar la hiperacidez y para ayudar a normalizar la alcalinidad del cuerpo. Su contenido en potasio, calcio y sodio es extremadamente elevado, y es el alimento más rico que tenemos en cuanto al contenido en magnesio y hierro.

El magnesio es esencial para dar firmeza al esqueleto y prevenir la osteomalacia (huesos blandos). Una cantidad suficiente de magnesio y calcio orgánicos en las comidas durante el embarazo ayudará a prevenir la pérdida o degeneración de los dientes debida al parto, y dará fuerza y firmeza a los huesos del niño.

El magnesio orgánico y vital, en correcta combinación con el calcio, hierro y azufre, es esencial para la formación de ciertos componentes de la sangre. Este magnesio tiene un gran poder vitalizador y forma parte en la creación de las células corporales, sobre todo las de los tejidos de los pulmones y del sistema nervioso.

El magnesio orgánico o vital tan solo puede obtenerse de plantas vivas, y debe ser consumido fresco y crudo. No debe confundirse con los preparados de magnesio manufacturados, los cuales, en calidad de minerales inorgánicos, interfieren en las adecuadas funciones saludables del cuerpo.

Todos los preparados químicos de magnesio, tanto en polvo como en forma de «leche», dan lugar a depósitos de residuos inorgánicos en el organismo. Aunque pueden proporcionar los resultados más o menos inmediatos que se propugnan, dichos resultados son meramente temporales. Los efectos secundarios de tales depósitos de materia inorgánica pueden tener repercusiones de naturaleza más o menos devastadora en el futuro. Es preferible seguir el consejo del dicho popular «más vale prevenir que curar».

El magnesio orgánico vital obtenido crudo de los zumos vegetales es un elemento nutritivo de inestimable valor para el organismo humano. El zumo de diente de león crudo tanto de las hojas como de las raíces, combinado con zumo de zanahoria y hojas de nabo, contribuirá a resolver dolencias de la columna vertebral y otros problemas óseos, a la vez que proporcionará fuerza y firmeza a los dientes, ayudando así a prevenir la piorrea y la caries.

Zumo de escarola

La escarola es muy afín al diente de león; sus componentes químicos son muy similares. La escarola, sin embargo, tiene elementos nutritivos de los que el sistema óptico está continuamente necesitado.

Si añadimos zumo de escarola al de zanahoria, apio y perejil, estaremos nutriendo los nervios ópticos y el sistema muscular, lo que aportará resultados asombrosos en cuanto a la corrección de muchos defectos oculares. Medio litro o un litro diario de esta mezcla ha corregido a menudo los problemas oculares en el plazo de unos pocos meses, hasta el extremo de que se ha recuperado la visión normal y se ha hecho innecesario el uso de las gafas.

Uno de los casos más sobresalientes que me llamó la atención fue el de una mujer que vivía en Virginia Occidental, en el sur de Pittsburgh. Las cataratas la privaron completamente de visión, y durante casi tres años nadie le dio esperanzas de que pudiese volver a ver. Hasta que oyó que en Pittsburgh estaba en funcionamiento una planta muy eficiente que hacía zumos frescos diariamente por medio de una gran prensa trituradora e hidráulica. Se decía que estaban teniendo lugar milagros como consecuencia de la terapia basada en zumos vegetales frescos y crudos, y decidió probarlo.

Siguió estrictamente el necesario régimen de depuración a base de irrigaciones del colon y enemas para eliminar cualquier interferencia por parte de los residuos que permanecían en el cuerpo; comió solamente verduras y frutas crudas, prescindiendo de cualquier almidón o azúcar concentrado, y bebió diariamente lo siguiente:

- Medio litro de zumo de zanahoria, apio, perejil y escarola.
- Medio litro de zumo de zanahoria.
- Medio litro de zumo de zanahoria, apio, perejil y espinacas.
- Medio litro de zumo de zanahoria y espinacas.

En menos de un año había recuperado lo suficiente la vista como para ser capaz de leer periódicos y revistas con la ayuda de una lupa.

La escarola es una de las fuentes más ricas de vitamina A entre las verduras verdes.

La combinación de zumos de zanahoria, apio y escarola es de mucha ayuda en caso de asma y fiebre del heno, siempre que la causa de estas afecciones —que acostumbra a ser la leche y los almidones y azúcares concentrados— haya sido permanentemente erradicada de la dieta.

En combinación con el apio y el perejil, la escarola es muy útil para combatir la anemia y los problemas cardíacos funcionales —es decir, los que no son consecuencia de la presencia de gas en los intestinos—, y como un tónico para la sangre. También es muy beneficiosa en el caso de problemas que impliquen al bazo.

El zumo de escarola, en casi cualquier combinación, estimula la secreción de la bilis y es, por consiguiente, muy bueno para las disfunciones tanto del hígado como de la vesícula biliar.

Zumo de espárragos

Los espárragos contienen bastante cantidad de un alcaloide conocido como asparagina. (Los alcaloides se encuentran en las plantas vivas y contienen el principio vital activo de la planta, sin el cual esta no puede crecer o continuar viva). La asparagina está compuesta por carbono, hidrógeno, nitrógeno y oxígeno.

Cuando el espárrago es cocinado o puesto en conserva, este alcaloide pierde su valor, desde el momento en que el hidrógeno y el oxígeno se disipan y las sales naturales formadas por la combinación de la asparagina con los otros elementos prácticamente se eliminan o pierden su utilidad.

El zumo de espárragos ha sido utilizado muy eficazmente como diurético, sobre todo en combinación con un poco de zumo de zanahoria, puesto que es tan fuerte que si se toma solo puede provocar una reacción incómoda en los riñones.

El zumo de espárragos es beneficioso en caso de disfunciones renales y a la hora de regular problemas glandulares de carácter general. Ayuda a conseguir mejorías en la diabetes y la anemia, en combinación con los zumos más específicamente recomendados para estas afecciones.

Puesto que este zumo ayuda a romper los cristales de ácido oxálico presentes en los riñones y en todo el sistema muscular, es bueno en caso de reuma, neuritis, etc. El reuma es la consecuencia final de la digestión de productos cárnicos, que genera excesivas cantidades de urea. Como el organismo humano no puede digerir y asimilar completamente las denominadas «proteínas completas», como las carnes, la ingestión de demasiadas de estas proteínas hace que la mayor parte del ácido úrico que se genera sea absorbido por los músculos. El consumo continuado de proteínas cárnicas pasa factura a los riñones y a otros órganos eliminadores de los residuos; los fuerza hasta el punto de que se elimina una cantidad cada vez menor de ácido úrico, y, por lo tanto, una cantidad cada vez mayor es absorbida por los músculos. El resultado es dolorosamente conocido como reuma.

El exceso de ácido úrico es también una de las causas subyacentes de los problemas de próstata. En este caso la combinación del zumo de espárragos con el de zanahoria, además del zumo de zanahoria, remolacha y pepino, ha sido de ayuda.

Zumo de espinacas

La espinaca es el alimento más vital para el conjunto del tracto digestivo —el estómago, el duodeno y el intestino delgado, el colon y el intestino grueso—. Así ha sido reconocido desde tiempos inmemoriales.

Por medio de la espinaca cruda la naturaleza ha provisto al hombre con el mejor material orgánico para la limpieza, reconstrucción y regeneración del tracto intestinal. El zumo de espinacas crudas adecuadamente preparado, tomado a razón de aproximadamente medio litro al día, ha corregido a menudo los casos más graves de estreñimiento en el plazo de unos pocos días o semanas.

Desafortunadamente, la gente usa purgantes para limpiar el tracto intestinal sin tener la comprensión de lo que en realidad provocan. Todos los purgantes o laxantes químicos, inorgánicos, actúan como irritantes, de modo que estimulan a los músculos de los intestinos a eliminarlos. Con la expulsión de estos irritantes, otras materias alojadas en el intestino pueden verse también expulsadas. Es algo obvio, y la práctica lo demuestra, que la costumbre de tomar laxantes hace necesario el uso de irritantes cada vez más fuertes. El resultado no es la cura del estreñimiento, sino la inactividad crónica de estos tejidos, músculos y nervios.

Así pues, los purgantes no son más que irritantes, que aunque provocan la evacuación de algunos de los materiales de desecho no pueden ocasionar más que la degeneración progresiva de los intestinos.

Además, estos métodos de limpieza del tracto intestinal tienen un efecto solamente temporal y no ofrecen ningún material para la regeneración y reconstrucción de los tejidos, músculos y nervios debilitados o degenerados.

Es imperativo que tras la expulsión linfática de ácidos, toxinas y venenos el organismo sea reconstituido con una solución alcalina orgánica natural, como la formada por los zumos de frutas crudas, con el fin de prevenir la inevitable carencia de agua en el cuerpo. Si no nos ocupamos de llevar a cabo esta reposición alcalina, corremos el riesgo de que el problema se vuelva a repetir: las toxinas que queden en el tracto intestinal pueden ser reabsorbidas, encontrar la manera de llegar al flujo linfático y volver a agravar el problema que la persona estaba intentando corregir.

Por otra parte, el zumo de espinacas crudas efectivamente limpia y ayuda a curar no solo el intestino inferior, sino el conjunto del tracto intestinal.

La espinaca trabaja de manera natural para reparar primero el daño que es más urgente curar. No siempre es evidente para la persona en qué parte de su cuerpo se está llevando a cabo la regeneración. A veces los resultados no se advierten hasta seis semanas o dos meses después del consumo diario de este zumo.

De todos modos, se ha visto que es esencial limpiar los intestinos al menos una vez cada veinticuatro horas, aunque una condición auténticamente normal y saludable requeriría llevar a cabo dos o tres limpiezas diarias. El colon puede ser purgado con irrigaciones o enemas, o ambos si es necesario, cada día. Este proceder ha demostrado ser de la máxima eficacia a largo plazo.

Otra valiosa propiedad del zumo de espinacas crudas es su efecto sobre los dientes y las encías a la hora de ayudar a prevenir la piorrea. Esta afección es una forma leve de escorbuto y es el resultado de la carencia en el cuerpo de los elementos que se encuentran sobre todo en la combinación de los zumos de zanahoria y espinacas. El sangrado de las encías y la degeneración fibroide de la pulpa dental se han convertido en comunes a causa del consumo habitual de cereales desvitalizados, azúcar refinado y otros alimentos perjudiciales. En estos casos tiene lugar concretamente una carencia de vitamina C.

Una ayuda permanente para esta disfunción se ha hallado en el consumo de alimentos crudos naturales, y más concretamente en la ingestión de una gran cantidad de zumo de zanahoria y espinacas.

Otros trastornos del cuerpo, tales como la úlcera duodenal y otras, la anemia perniciosa, las convulsiones, la degeneración de varios nervios, la insuficiente secreción de las glándulas suprarrenales y tiroides, la neuritis, la artritis, los abscesos y forúnculos, los dolores en la zona de las gónadas, la hinchazón de las extremidades, la tendencia a las hemorragias, la pérdida de vigor, los dolores reumáticos y otros por el estilo, las disfunciones cardíacas, la tensión arterial alta o baja, los problemas oculares y los dolores de cabeza, incluidas las migrañas, se deben fundamentalmente a la acumulación de materiales de desecho en el intestino grueso. Todo esto también está causado por la carencia de los elementos contenidos en la zanahoria y la espinaca crudas. La manera más rápida y efectiva en que el cuerpo puede obtener y asimilar estos elementos es por medio de beber diariamente al menos medio litro de zumos vegetales frescos y crudos.

Las espinacas, la lechuga y los berros, junto con la zanahoria y el pimiento verde, se cuentan entre los vegetales que contienen la mayor cantidad de las vitaminas C y E. La falta de una cantidad suficiente de vitamina E en el organismo es un factor coadyuvante de los abortos espontáneos, así como de la impotencia y la esterilidad tanto en los hombres como en las mujeres. Muchos tipos de parálisis se deben a una carencia de vitamina E, responsable de un malestar general y una alteración de los procesos metabólicos.

Cuando se habla de la espinaca, generalmente se la asocia con su eficacia como laxante. La causa subyacente de esta efectividad es el alto contenido en ácido oxálico de este vegetal, un elemento tan importante para el trabajo de nuestros intestinos que merece que le prestemos una atención especial; por eso he dedicado todo un apartado al ácido oxálico (ver la página 107). La espinaca nunca debería ser cocinada, a menos que estemos especialmente ansiosos por acumular cristales de ácido oxálico en nuestros riñones, con los consecuentes dolores y problemas para estos. Cuando las espinacas son cocinadas o enlatadas, los átomos de ácido oxálico pasan a ser inorgánicos como resultado de un exceso de calor, y pueden formar cristales de ácido oxálico en los riñones.

Zumo de hinojo

Hay dos variedades de hinojo: el hinojo dulce o de jardín, que se usa sobre todo como condimento y aromatizante, y el hinojo de Florencia, o *finocchio*, consumido muy abundantemente por los italianos y otros pueblos latinos.

El primero de ellos está clasificado sobre todo como una hierba y no es apropiado para hacer zumos, excepto bajo la supervisión de un experto. La variedad de Florencia, sin embargo, da lugar a un zumo excelente. Esta planta pertenece a la familia del apio, pero su zumo es más dulce y aromático. El zumo de hinojo es un generador de sangre muy valioso y se ha mostrado, por lo tanto, máximamente beneficioso en el caso de desórdenes menstruales. Se ha utilizado con éxito solo o en combinación con el zumo de zanahoria y remolacha a este respecto.

Zumo de hojas de mostaza

Las hojas de mostaza son valiosas en las ensaladas. Su alto contenido en aceite de mostaza, cuando se hace zumo con las hojas, regará el tracto digestivo y los riñones. Las hojas de mostaza contienen un alto porcentaje de ácido oxálico; así pues, nunca deberían comerse cocinadas (lee el apartado dedicado al ácido oxálico, en la página 107).

Aunque el zumo de hojas de mostaza puede, si se toma solo, provocar alguna molestia, una pequeña cantidad en combinación con zumo de zanahoria, espinacas y nabo se ha consumido con buenos resultados a la hora de ayudar a disolver las hemorroides.

Como en el caso de los berros, el porcentaje de azufre y fósforo es muy alto en las hojas de mostaza, y su efecto en el organismo es casi idéntico al de los berros (consulta el apartado dedicado al zumo de berros, en la página 55).

Zumo de judías verdes

Este zumo es especialmente beneficioso para los diabéticos. La diabetes es una enfermedad dietética resultado del consumo excesivo de almidones y azúcares concentrados, y se ve agravada con la ingesta de carne.

Está definitivamente comprobado que la inyección hipodérmica de insulina no proporciona una cura para esta dolencia. La diabetes no es una afección hereditaria; sin embargo, puede ser provocada por el hábito hereditario de consumir demasiados hidratos de carbono concentrados. Alimentar a los bebés con harinas inorgánicas (cocinadas) y productos basados en cereales, así como con leche de vaca hervida o pasteurizada, es el factor que contribuye al desarrollo de la diabetes en los niños y adolescentes en primer lugar, y en los adultos más tarde.

La insulina es una sustancia segregada por el páncreas con el fin de capacitar al cuerpo para que aproveche correctamente los azúcares naturales —no los azúcares manufacturados— como combustible para generar la energía que le permita llevar a cabo sus actividades. Pero el organismo humano solo puede aprovechar constructivamente los azúcares orgánicos vitales naturales que las verduras y frutas frescas y crudas proporcionan en abundancia. El cuerpo no puede aprovechar el almidón ni los azúcares manufacturados tal cual, sino que debe reconvertirlos en azúcares «primarios». El almidón es un producto inorgánico, así como los azúcares que el cuerpo deriva de él. Y los elementos inorgánicos no tienen vida enzimática o, lo que es lo mismo, vitalidad. Por lo tanto, el páncreas hace horas extras trabajando en este proceso de reconversión, solo para recibir átomos muertos a cambio, los cuales no tienen ninguna cualidad regeneradora o constructiva en absoluto. Esto da lugar a lo que se conoce como diabetes.

El hecho de que los diabéticos acumulen una cantidad excesiva de tejido adiposo es el resultado del falso estímulo de la insulina inorgánica, la cual no solo no quema los materiales de desecho del cuerpo, sino que contribuye a que se acumulen en él.

Se ha constatado que el zumo de judías verdes y el de coles de Bruselas contienen elementos que proporcionan los ingredientes que permiten obtener la insulina natural que necesita el sistema digestivo para poder llevar a cabo sus funciones pancreáticas.

En casos de diabetes, la eliminación total de todos los almidones y azúcares concentrados de cualquier clase, junto con el consumo de una combinación de zumos de zanahoria, lechuga, judías verdes y coles de Bruselas —aproximadamente un litro al día—, además de medio litro diario de zumo de zanahoria y espinacas, ha dado resultados satisfactorios y beneficiosos. Por supuesto, las irrigaciones del colon y los enemas se llevaron a cabo regularmente y de forma abundante.

Zumo de lechuga

El zumo de lechuga tiene muchas prestaciones esenciales para el cuerpo humano. Contiene grandes cantidades de hierro y magnesio. El hierro constituye el elemento más activo del cuerpo y es necesario renovarlo con mayor frecuencia que cualquier otro. El hígado y el bazo son los lugares donde se almacena, donde permanece para ser liberado en caso de que exista una demanda repentina en el organismo; por ejemplo, si hay que crear rápidamente glóbulos rojos en el caso de una profusa pérdida de sangre. Así pues, el hierro es almacenado en el hígado con el propósito en particular, entre otros, de proporcionar elementos minerales a cualquier parte del cuerpo en caso de emergencia, por ejemplo si se produce una hemorragia; también si se da el caso de que la comida ingerida no contenga la cantidad necesaria de este elemento en forma vital, orgánica.

El almacenamiento del hierro en el bazo actúa como una batería eléctrica en que la sangre es recargada con la electricidad necesaria para que pueda llevar a cabo sus funciones. El magnesio contenido en la lechuga tiene un poder vitalizador excepcional, particularmente en los tejidos musculares, el cerebro y los nervios. Las sales orgánicas de magnesio son constructoras de las células, en especial las del sistema nervioso y las de los tejidos de los pulmones. También ayudan a conservar la fluidez normal de la sangre y llevan a cabo otras funciones sin las cuales le sería imposible operar correctamente a nuestro metabolismo.

Puesto que las sales de magnesio solo pueden trabajar eficazmente si se halla presente el calcio suficiente, la combinación de estos elementos en la lechuga hace que este alimento sea sumamente valioso.

Cuando se combina con el zumo de zanahoria, las propiedades del zumo de lechuga se ven intensificadas por la adición de la vitamina A y el valioso sodio presentes en la zanahoria; este último ayuda a mantener el calcio de la lechuga en una solución constante, hasta que es utilizado por el cuerpo.

La lechuga contiene más de un 38% de potasio, un 15% de calcio, más de un 5% de hierro, alrededor de un 6% de magnesio, más de un 9% de fósforo —uno de los principales componentes del cerebro— y una amplia provisión de azufre —una de las partes constitutivas de la hemoglobina de la sangre, donde actúa como un agente oxidante—. Muchas afecciones nerviosas se deben principalmente a que estos últimos dos elementos, el azufre y el fósforo, se toman en su forma inorgánica, que es como están presentes en los cereales y la carne.

Junto con el silicio, que la lechuga contiene en más de un 8%, el azufre y el fósforo son esenciales para el correcto mantenimiento y desarrollo de la piel, los tendones y el cabello. Cuando uno consume una excesiva cantidad de estos elementos en su forma inorgánica, por ejemplo por medio de cereales y alimentos desvitalizados, las raíces del cabello no obtienen la nutrición adecuada: he aquí una de las razones de la caída del pelo.

Beber una cantidad diaria abundante de zumo de zanahoria, lechuga y espinacas (todo ello mezclado en un solo zumo) proporcionará alimento a las raíces y nervios del cabello, y de este modo se estimulará su crecimiento. Los tónicos capilares son, a este respecto, de poco o nulo valor, excepto si proporcionan masaje al cuero cabelludo. No pueden nutrir el cabello; solo estimular la acción de los nervios y los vasos sanguíneos y de esta manera ayudar a que los nutrientes correctos lleguen a las raíces del cabello a través del torrente sanguíneo.

Otra combinación de zumos eficaz para ayudar al crecimiento del cabello y devolverle su color natural es el zumo a base de zanahoria, lechuga, pimiento verde y alfalfa fresca (consulta el apartado dedicado al zumo de alfalfa, en la página 44).

Si elaboramos zumo de lechuga con unos propósitos terapéuticos definidos, es mejor utilizar las hojas de un verde más oscuro y prescindir de las que están dentro del corazón de la lechuga y han permanecido blancas, puesto que las primeras son mucho más ricas en clorofila y otros elementos vitales importantes que las segundas.

El zumo de hojas de lechuga ha constituido un gran alivio y una gran bendición para personas aquejadas de tuberculosis y alteraciones gástricas. También es un valioso diurético.

A causa de su riqueza en hierro y otros elementos vitales valiosos, el zumo de lechuga se ha dado a los bebés junto con zumo de zanahoria, con resultados muy satisfactorios tanto en el caso de que tomaran el pecho como de que se les diera el biberón.

Zumo de lechuga romana

Aunque pertenezca a la misma familia, la lechuga romana tiene una composición química muy distinta a la de la lechuga redonda (iceberg). Es oriunda de la isla de Cos, en el archipiélago griego, y en Gran Bretaña se la conoce como la lechuga de Cos.

Se ha visto que el zumo de lechuga romana, si se le añade una pequeña cantidad de *kelp* (polvo de algas marinas), tiene propiedades que ayudan a la actividad de la corteza suprarrenal a la hora de secretar su hormona, la adrenalina, para mantener el cuerpo en equilibrio.

Su valor particular está en su rico contenido en sodio, que es un 60% más alto que su contenido en potasio. Esto lo convierte en uno de los zumos más beneficiosos en el caso de dolencias que afecten a las glándulas suprarrenales. Por ejemplo, una persona con la enfermedad de Addison necesita la máxima cantidad de sodio orgánico o vital, y un porcentaje relativamente bajo de potasio, para compensar la baja cantidad de hormonas de la corteza suprarrenal. Este zumo, con esta proporción específica, es por lo tanto esencialmente beneficioso para una persona que tenga este tipo de necesidades.

En el tratamiento de la enfermedad de Addison hemos visto algunos resultados notables cuando el paciente consumió una abundante cantidad de zumos frescos y crudos en los que esta composición química era más o menos predominante. La dieta requería prescindir estrictamente de todos los almidones y azúcares concentrados, de todo tipo de carne y de las hortalizas que contuvieran un exceso de potasio por encima del sodio. Esto restringía las verduras y sus correspondientes zumos a los siguientes: remolacha, apio, lechuga romana, espinacas y acelgas. Ahora bien, la dieta también incluía granadas frescas, fresas, tomates, higos, miel, almendras y hayucos.

El zumo de zanahoria fresco y crudo se añadió a todos o a alguno de los zumos que acabo de mencionar y se obtuvo un gran beneficio de ello. En algunos casos extremos, un poco de leche fresca y cruda de cabra junto con el zumo de zanahoria resultó útil.

Sobre esta base, con un programa regular de limpieza por medio de irrigaciones del colon y enemas se lograron excelentes resultados.

Zumo de nabo

Ningún zumo contiene un porcentaje tan elevado de calcio como el de hojas de nabo: su contenido en calcio supone más de la mitad de todos los otros minerales y sales juntos incluidos en estas hojas. Es por lo tanto un alimento excelente para el crecimiento de los niños y para cualquier persona que tenga los huesos blandos, incluidos los dientes. Si combinamos el zumo de hojas de nabo con el zumo de zanahoria y diente de león, obtenemos uno de los medios más efectivos para ayudar al endurecimiento de los dientes, así como de toda la estructura ósea del cuerpo. El muy elevado contenido en magnesio del diente de león, junto con el calcio de las hojas del nabo y los componentes de la zanahoria, se combinan para dar firmeza y fuerza a la estructura ósea.

El contenido en potasio es también muy elevado en las hojas del nabo, lo cual hace que este zumo sea un potente alcalinizador, sobre todo en combinación con los zumos de zanahoria y apio. Así pues, es excelente para reducir la hiperacidez. Las hojas de nabo también contienen mucho sodio y hierro.

La carencia de calcio, por más extraño que pueda sonar a las personas desinformadas, es con mucha frecuencia una consecuencia de beber leche de vaca pasteurizada. Por supuesto, el consumo constante de productos elaborados con harinas, cereales y azúcares concentrados también desemboca en falta de calcio, por más que estos productos lo contengan en grandes cantidades. Y es que este tipo de calcio es tan inorgánico como el que se utiliza para hacer cemento (puedes encontrar más información al respecto en mi libro *Diet & Salads Suggestions*).

Las células y tejidos del cuerpo no pueden utilizar estos átomos de calcio inorgánicos con propósitos constructivos. Como consecuencia, el torrente sanguíneo debe apartarlos, con el fin de que no interfieran en su actividad.

Así como nosotros echamos a un lado aquello que interfiere en nuestra libertad de acción, la sangre barre muchos de esos átomos inorgánicos hasta las terminaciones de los vasos sanguíneos. Puesto que los más oportunos en los que llevar a cabo esto se localizan en el recto, esta zona recibe una acumulación gradual de «escombros», hasta que se hacen tan grandes que resultan incómodos. Entonces pasan a denominarse hemorroides.

Puesto que la mayoría de las personas incluyen una excesiva cantidad de alimentos desvitalizados, inorgánicos, en sus comidas diarias, es natural que probablemente la mitad de esas personas tengan hemorroides y lo sepan, y que la otra mitad también las tengan pero no lo sepan.

No he conocido ni un solo caso de hemorroides entre los muchos adultos de todas las edades que se han abstenido de consumir alimentos inorgánicos a lo largo de su vida. Por otra parte, he visto un desfile interminable de personas victimizadas por sus intentos de curar esta aflicción natural por medio de inyecciones, coagulación eléctrica y cirugía.

Hubo un caso muy típico que me llamó la atención. Se trataba de un distinguido abogado. Sus protuberantes hemorroides eran dolorosas, angustiantes y embarazosas. Sufría hasta tal punto que no podía caminar a lo largo de varias manzanas sin tener que detenerse en el primer lugar discreto que encontrara para recolocar sus hemorroides.

Este hombre había estado bebiendo una variedad de zumos diariamente durante muchos meses sin contar a nadie su gran problema. Cambió un poco su dieta pero seguía comiendo carne, patatas, pan, dónuts y otros alimentos perjudiciales, de modo que apenas advertía alguna mejora en su problema.

Un día le dijo al dueño del bar dispensador de zumos, del que se había convertido en cliente habitual, que apostaba a que no había ningún zumo que pudiese combatir las hemorroides. El dueño le respondió que bebiera diariamente un litro de una combinación de zumo de zanahoria, espinacas, nabo y berros, y que siguiera una dieta estricta basada en verduras y frutas crudas, y que observase los resultados.

En menos de un mes este abogado regresó al bar de zumos exultante, tras haber sido reconocido cuidadosamente por su médico, quien le indicó que no había ningún indicio de sus antiguas hemorroides.

Este no es un caso aislado. Esta combinación de zumos ha ayudado a innumerables individuos aquejados de diferentes afecciones que decidieron ceñirse estrictamente a los alimentos y métodos naturales.

Zumo de papaya

Aunque la papaya es una fruta y no un vegetal, es pertinente referirse aquí a ella a causa de sus extraordinarias cualidades terapéuticas.

Hasta hace poco esta fruta era prácticamente desconocida en el norte, puesto que es exclusivamente tropical. Tiene forma de melón o calabaza y madura en muchos tamaños, que van desde menos de medio kilo hasta nueve o más cada ejemplar.

Lo que llama particularmente la atención de la papaya es su zumo. Cuando el fruto verde es triturado y sometido a la prensa hidráulica, te encuentras con que contiene un principio conocido como papaína, que tiene en gran medida el mismo efecto que la pepsina en nuestros procesos digestivos. También incluye fibrina, un principio que raramente se encuentra si no es en el cuerpo del hombre y de los animales. Esta fruta se digiere fácilmente entre los jugos gástricos y pancreáticos y es especialmente valiosa en caso de coagulación de la sangre, tenga esta lugar a nivel superficial o interno.

La papaya verde, no madura, tiene muchas más enzimas de papaína que el fruto maduro. De algún modo, la actividad de estas enzimas se disipa en el proceso de maduración. El zumo de la papaya verde ha ayudado a corregir desórdenes intestinales, incluidas úlceras y afecciones más serias, en un plazo de tiempo increíblemente corto.

He visto a menudo la pulpa triturada, sin olvidar la piel, de la papaya verde aplicada como una cataplasma a heridas serias, y al día siguiente se veía poco más que la cicatriz. Del mismo modo, la aplicación de una cataplasma semejante permitió recupera en el plazo de dos o tres días la funcionalidad de un dedo seriamente machacado por una máquina.

En forma de zumo, tanto la papaya verde como la madura son insuperables como remedio para ayudar en la mayor parte de las aflicciones corporales. La naturaleza nos ha proporcionado ciertamente, por medio de esta fruta, el medio más completo para llevar a cabo unos primeros auxilios tanto en el caso de males internos como externos.

Zumo de patata

La patata cruda contiene azúcares naturales fácilmente digeribles, los cuales, con la cocción, se convierten en almidones. Las patatas deberían ser suprimidas de la dieta de quienes sufren enfermedades venéreas y de quienes se ven afectados por adicción al sexo. La combinación de la carne cocinada y las patatas intensifica la acción de la solanina de estos tubérculos —un alcaloide tóxico que predomina sobre todo en las patatas de color demasiado verde—, que actúa sobre los nervios que controlan los órganos sexuales; esto, junto con la presencia de cristales de ácido úrico resultante de la ingestión de la carne, puede causar una irrigación excesiva de esos órganos.

El zumo de patata cruda, sin embargo, ha demostrado ser muy beneficioso a la hora de erradicar las imperfecciones de la piel. Esta depuración tiene lugar gracias a su alto contenido en potasio, azufre, fósforo y cloro. Estos elementos, no obstante, son solamente útiles cuando la patata está cruda, en cuyo caso está compuesta por átomos orgánicos, vivos. Cuando se cocina, esos átomos pasan a ser inorgánicos y, como tales, tienen escaso o nulo valor para propósitos constructivos.

Las patatas frescas y crudas, cultivadas de manera orgánica, son muy sabrosas; les gustan a muchas personas y son sin duda un buen alimento.

El zumo de patata cruda ha demostrado ser un purgante saludable del organismo, muy beneficioso, sobre todo en combinación con el zumo de zanahoria.

El zumo de patata cruda, combinado con el de zanahoria y apio, es una bendición para las personas aquejadas de trastornos gástricos, nerviosos y musculares, tales como la gota y la ciática. En estos casos, medio litro de esta mezcla más medio litro de zumo de zanahoria, remolacha y pepino diario ha proporcionado a menudo un alivio total de estas dolencias en un lapso de tiempo sorprendentemente corto, siempre que la carne, las aves y el pescado fueran totalmente erradicados de la dieta.

Algunas víctimas del enfisema han encontrado alivio con el consumo de una combinación de zumos de zanahoria, perejil y patata cruda.

Zumo de pepino

El pepino es probablemente el mejor diurético natural que se conoce; secreta y estimula el flujo de la orina. Tiene, sin embargo, muchas otras propiedades valiosas; por ejemplo, estimula el crecimiento del cabello, debido a su elevado contenido en silicio y azufre, sobre todo si se mezcla con el zumo de zanahoria, lechuga y espinacas. Contiene más de un 40% de potasio, un 10% de sodio, un 7,5% de calcio, un 20% de fósforo y un 7% de cloro.

La adición de zumo de pepino al zumo de zanahoria tiene un efecto muy beneficioso en el caso de las afecciones reumáticas, que son consecuencia de una excesiva retención de ácido úrico en el organismo. Si además se le añade a esta combinación un poco de zumo de remolacha, el proceso general se acelera.

El elevado contenido en potasio del pepino hace que este zumo sea muy útil en caso de tensión arterial alta o baja. También es eficaz para las afecciones de los dientes y las encías, como en el caso de la piorrea. Nuestras uñas y nuestro cabello necesitan especialmente la combinación de elementos que proporciona el zumo de pepino fresco, que ayuda a prevenir la rotura de las uñas y la caída del cabello.

El zumo de pepino, en combinación con el de zanahoria y lechuga, se ha mostrado útil a la hora de ayudar a resolver erupciones cutáneas de muchas clases. En algunos casos, la adición de un poco de zumo de alfalfa ha acelerado su eficacia.

Zumo de perejil

El perejil es una hierba. Y el zumo de perejil crudo es uno de los más potentes. Nunca debería tomarse solo en cantidades superiores a 30 o 60 ml cada vez, a menos que se mezcle con una cantidad suficiente de zumo de zanahoria u otros zumos vegetales crudos tales como el de apio, lechuga o espinacas; e incluso en estos casos no debería estar presente en una gran proporción en relación con el volumen de los otros zumos.

El zumo de perejil crudo tiene propiedades esenciales para el metabolismo del oxígeno a la hora de conservar la acción normal de las glándulas suprarrenales y tiroides. Los componentes del perejil ayudan a que los vasos sanguíneos continúen sanos, particularmente los capilares y las arteriolas. Es un alimento excelente para el conducto urogenital y es de mucha ayuda en caso de cálculos renales y biliares, así como de albuminuria, nefritis y otros problemas del riñón. También se ha utilizado eficazmente contra la hidropesía.

Asimismo, es eficaz en todas las afecciones relacionadas con los ojos y el sistema de los nervios ópticos. Debilidad ocular, úlceras en la córnea, cataratas, conjuntivitis, oftalmia en todas sus etapas o flojera de las pupilas han sido tratadas eficazmente bebiendo zumo de perejil crudo mezclado con zumo de zanahoria y con zumo de zanahoria, apio y escarola.

Nunca bebas grandes cantidades de zumo de perejil solo, puesto que su alta concentración puede llevar a un desajuste del sistema nervioso. Es extraordinariamente beneficioso si se toma correctamente mezclado con otros zumos.

En sentido estricto, el perejil pertenece a la categoría de las hierbas; de ahí que su efecto sea tan concentrado. Es eficaz para ayudar a desencadenar el flujo menstrual, sobre todo en combinación con el zumo de remolacha o con el zumo de remolacha, zanahoria y pepino. Los calambres derivados de las irregularidades menstruales se han visto mitigados y con frecuencia totalmente eliminados por medio del consumo regular de estos zumos, siempre que los almidones concentrados y los productos azucarados hayan sido descartados de la dieta.

Zumo de pimiento verde

Este zumo contiene abundante silicio, muy necesario para las uñas y el cabello. Los conductos lagrimales y las glándulas sebáceas también se benefician en gran manera del consumo de este zumo.

Combinado con el zumo de zanahoria, en la proporción de entre un cuarto y la mitad de zumo de pimiento verde y el resto zumo de zanahoria, es un excelente recurso a la hora de resolver imperfecciones cutáneas, sobre todo si se llevan a cabo irrigaciones del colon y enemas con la regularidad suficiente como para eliminar los residuos del colon mientras los procesos de limpieza del cuerpo están teniendo lugar.

Las personas aquejadas de la molestia de tener gases en el canal digestivo, así como las que sufren de cólicos o flatulencias, han encontrado un alivio significativo al beber medio litro de esta combinación de zumos diariamente. Además, se podría también beber medio litro de zumo de zanahoria y espinacas al día. Por supuesto, estos zumos no tienen que tomarse a la vez; de hecho, ingerirlos a un ritmo de un vaso cada vez, con intervalos de una, dos o tres horas entre ellos, ha proporcionado mejores resultados. Es preferible tomarlos antes de las comidas y entre las comidas.

Zumo de puerro

El zumo de puerro es más suave que el de cebolla o ajo. La información que he dado relativa al zumo de ajo es aplicable en gran medida al de puerro.

Zumo de rábano

Este zumo se extrae de las hojas y las raíces del rábano pero no debería tomarse nunca solo, puesto que de ese modo da lugar a reacciones demasiado fuertes. Mezclado con el zumo de zanahoria, la combinación de los elementos de ambos ayuda a restablecer el tono de las membranas mucosas del cuerpo. Es más efectivo si se bebe una hora después de la salsa de rábano picante, como se describe en el apartado dedicado a esta, en la página 100. El zumo de rábano tiene el efecto de calmar y curar las membranas y limpiar el cuerpo de la mucosidad que la salsa de rábano picante habrá disuelto. También contribuirá a regenerar las membranas mucosas y devolverlas a su estado natural.

Casi un tercio del contenido natural del rábano es potasio, y de los dos tercios restantes más de uno es sodio. El contenido en hierro y magnesio es elevado, y son estos dos elementos los que proporcionan alivio y curación a las membranas mucosas.

Habitualmente es innecesario acudir a la cirugía para librarse de la mucosidad que origina problemas de sinusitis. Si bien estas operaciones eliminan alguna mucosidad, los efectos secundarios pueden ser devastadores. En cambio, la salsa de rábano picante ha proporcionado repetidamente beneficios duraderos (consulta el apartado que se dedica a esta salsa). El exceso de mucosidad es el resultado de beber demasiada leche y de ingerir un exceso de almidones concentrados, pan y cereales.

Zumo de remolacha

Este es uno de los zumos más valiosos para la formación de los glóbulos rojos y para tonificar la sangre en general. Las mujeres, particularmente, han obtenido beneficios de beber al menos medio litro diario de la combinación de zumo de zanahoria y remolacha. En esta combinación la proporción puede variar desde los 90 hasta los 240 ml de zumo de remolacha (de la cual se aprovechan también las raíces y las hojas) y se completa el medio litro con el zumo de zanahoria.

Si el zumo de remolacha se toma solo, en cantidades superiores a entre 60 y 90 ml cada vez, posiblemente cause una reacción depurativa que dé lugar a ligeros mareos o náuseas. Esto puede ser el resultado de su efecto depurador en el hígado y puede resultar molesto. La experiencia ha demostrado que al principio es mejor tomar menos zumo de remolacha y más de zanahoria, hasta que la persona pueda tolerar el beneficioso efecto purgante de la remolacha; entonces ya se puede, progresivamente, aumentar la proporción de zumo de remolacha. Un vaso de 180 a 240 ml dos veces al día se considera en general suficiente.

El zumo de remolacha ha resultado muy útil para los trastornos menstruales, sobre todo cuando, durante estos períodos, se ha tomado en pequeñas cantidades (no más de entre 60 y 90 ml dos o tres veces al día). Durante la menopausia, este procedimiento ha tenido efectos mucho más permanentes que los medicamentos o las hormonas sintéticas, con sus efectos degenerativos. Al fin y al cabo, ningún fármaco ni producto químico sintético inorgánico puede hacer más que ofrecer un alivio temporal. La persona que toma esos medicamentos u hormonas sintéticas será la que sufrirá más tarde cuando el cuerpo y la naturaleza se alíen para intentar eliminar esas sustancias inorgánicas del organismo. Te puedo asegurar que cualquier medicamento que garantice que va a curar de forma permanente alguna afección desencadenará tarde o temprano alguna otra y probablemente será más seria que aquella que supuestamente alivió. Es quien toma el medicamento quien sufre a largo plazo, no quienes lo aconsejan o administran.

Pero la naturaleza nos ha provisto de medios naturales por medio de los cuales podemos buscar la salud, la energía, el vigor y la vitalidad. También nos ha proporcionado, en mayor o menor grado, una inteligencia con la que buscar el conocimiento. Si utilizamos nuestra inteligencia, la naturaleza nos sonríe. Si no la utilizamos, permanece allí con infinita paciencia y compasión, preguntándose por qué su obra ha salido tan mal.

Aunque el contenido en hierro de la remolacha roja no es muy elevado, su calidad es tal que constituye un alimento excelente para los glóbulos rojos de la sangre. La prestación más grande de los componentes químicos de la remolacha es el hecho de que más del 50% es sodio, y aunque el contenido en calcio asciende solo a alrededor de un 5%, esta es una proporción valiosa para conservar la solubilidad de este último, sobre todo cuando, como resultado de ingerir alimentos cocinados, se ha permitido que el calcio inorgánico se haya acumulado en el organismo y haya formado depósitos dentro de los vasos sanguíneos, con la consecuencia del espesamiento de la sangre o del endurecimiento de las paredes de dichos vasos sanguíneos, como en el caso de las varices y el endurecimiento de las arterias. La consecuencia de ello es la tensión alta y otros problemas cardíacos.

El 20% de contenido en potasio de la remolacha provee la nutrición general necesaria para todas las funciones fisiológicas del cuerpo, mientras que su 8% de contenido en cloro proporciona un purgante orgánico espléndido del hígado, los riñones y la vesícula biliar, además de que estimula la actividad de la linfa por todo el organismo.

La combinación del zumo de zanahoria y remolacha proporciona un buen porcentaje de fósforo y azufre por un lado, y de potasio y otros elementos alcalinos por otro, los cuales, junto con el alto contenido en vitamina A, completan lo que es probablemente el mejor generador natural de células sanguíneas, sobre todo glóbulos rojos.

Zumo de ruibarbo

El ruibarbo es posiblemente responsable de más problemas renales entre los niños que ningún otro factor aislado. Pocas plantas, si es que hay alguna, tienen una concentración de ácido oxálico tan grande como el ruibarbo. Cuando es cocinado, este ácido se convierte en una sustancia química inorgánica que, cuando se ingiere, deposita vastas cantidades de cristales de ácido oxálico en el cuerpo.

Innumerables casos de reumatismo y fiebre reumática tienen su origen en la ingestión del ruibarbo cocinado. Ningún ejemplo podría ser mejor que este para demostrar la falacia de comer un alimento a causa de alguna propiedad en particular sin considerar los desastrosos efectos que pueden tener los otros elementos que contiene. El ruibarbo es muy utilizado para los niños, y también por los adultos, a causa de sus propiedades supuestamente laxantes. Puesto que los efectos laxantes se manifiestan más o menos de inmediato, no se presta atención al otro efecto: los cristales de ácido oxálico que quedan depositados en el cuerpo. Ya que estos depósitos no causan una irritación inmediata y su efecto tarda en manifestarse, las consecuencias raramente se atribuyen, si es que se hace, a la auténtica causa: el consumo del ruibarbo.

El tema del ácido oxálico es tan importante que lo trato extensamente en el capítulo «Otros temas de interés vital», en la página 103.

Algunos beneficios pueden obtenerse del zumo de ruibarbo fresco y crudo, siempre que sea consumido con moderación, y solo en combinación con otros zumos como el de zanahoria, apio o frutas, y sus combinaciones. De esta manera, puede contribuir a estimular la acción peristáltica de los intestinos. Nunca endulces el ruibarbo con azúcar; para ello utiliza miel.

Zumo de tomate

Este es probablemente uno de los zumos más consumidos —fuera de las latas—. El zumo de tomate fresco y crudo es más beneficioso y tiene una reacción alcalina al ser digerido cuando no hay almidones o azúcares presentes en forma concentrada; pero si estos se incluyen en el zumo, o si se ingieren durante la misma comida, la reacción es claramente ácida.

Los tomates contienen mucho ácido cítrico y ácido málico, y un poco de ácido oxálico. Todos estos ácidos son necesarios y beneficiosos en los procesos metabólicos, siempre que sean orgánicos o vitales. Cuando los tomates son cocinados o enlatados, pasan a ser inorgánicos y, como tales, son perjudiciales para el organismo, aunque puede ser que sus efectos nocivos no se manifiesten inmediatamente. Algunos casos de cálculos renales y vesicales son el resultado de ingerir tomate cocinado o enlatado, o su jugo, especialmente si se toma junto con almidones y azúcares.

El zumo de tomate fresco y crudo es rico en sodio, calcio, potasio y magnesio. Hay innumerables variedades de tomates; con todos ellos pueden elaborarse zumos excelentes y beneficiosos, si se usan frescos y crudos.

Zumo de zanahoria

En función de lo que aqueje a la persona, el zumo de zanahoria cruda puede tomarse indefinidamente, en cantidades razonables —desde medio litro hasta tres o cuatro litros al día—. Tiene el efecto de ayudar a normalizar el conjunto del organismo. Es la fuente más rica de vitamina A, que puede ser rápidamente asimilada por el cuerpo, y contiene también una amplia provisión de las vitaminas B, C, D, E, G y K. Ayuda a estimular el apetito y resulta útil para favorecer la digestión. También es eficaz para mejorar y conservar la estructura ósea de los dientes.

El zumo de zanahoria está compuesto por una combinación de elementos que nutren todo el organismo y que ayudan a normalizar su peso, así como su equilibrio químico. Si el zumo es correctamente extraído de zanahorias crudas, frescas, limpias y de buena calidad, será muy rico en sodio y potasio, elementos alcalinos vitales (orgánicos). También contendrá una buena dosis de calcio, magnesio y hierro, así como los elementos vitales orgánicos fósforo, azufre, silicio y cloro. Estos elementos estarán en perfecto equilibrio con los anteriores a la hora de actuar y reaccionar dentro del organismo humano.

A veces ocurre que tras beber grandes cantidades de zumo de zanahoria se experimenta alguna reacción, incluso cierta angustia. Esto es perfectamente lógico, puesto que es indicativo de que la naturaleza ha empezado a limpiar el cuerpo y de que este zumo es el instrumento más adecuado para este propósito. Llegar a la conclusión de que este zumo no es compatible con uno denota falta de comprensión, puesto que el zumo de zanahoria es ni más ni menos que agua orgánica de la mejor calidad y el tipo de nutrición que el cuerpo necesita.

Si el zumo es fresco y ha sido correctamente elaborado, no puede hacer otra cosa, por más que forcemos la imaginación en otro sentido, que proveer a los tejidos y células hambrientos del cuerpo de las enzimas, los átomos vitales y el agua vital orgánica que anhelan y reclaman.

La adición de un poco de leche cruda de cabra o de un poco de nata cruda pura al zumo de zanahoria le proporciona una especie de sabor exótico y a menudo sirve para salir de la monotonía cuando alguna reacción o angustia puede hacernos tender a volvernos en contra del zumo a secas.

Es pertinente remarcar que la nata es una grasa, pura y simple, mientras que la leche es definitivamente un alimento de proteína concentrada. La nata requiere un proceso digestivo completamente distinto que la leche, y, aunque por supuesto da lugar a cierto grado de mucosidad, no forma parte del mismo tipo de alimentos perniciosos que la leche.

El zumo de zanahoria es un solvente natural en caso de problemas de úlceras y cánceres. Permite resistir las infecciones y es más eficaz si trabaja conjuntamente con las glándulas suprarrenales. Ayuda a prevenir infecciones de los ojos y la garganta, así como de las amígdalas y los senos nasales y los órganos respiratorios en general. También protege el sistema nervioso y no tiene parangón a la hora de estimular el vigor y la vitalidad.

Las madres lactantes deberían beber mucho zumo de zanahoria cruda, debidamente preparado, para incrementar la calidad de su leche, puesto que es posible que la leche materna, bajo ciertas circunstancias, no provea al bebé de todos los nutrientes que necesita. Durante los últimos meses de embarazo el zumo de zanahoria cruda, tomado en suficiente cantidad, tiende a reducir las posibilidades de septicemia puerperal durante el parto. Medio litro de zumo de zanahoria al día tiene más valor en la reconstitución del cuerpo que once kilos de comprimidos de calcio.

Las enfermedades intestinales y hepáticas se deben a veces a la carencia de alguno de los elementos presentes en un zumo de zanahoria cruda correctamente preparado. Cuando este es el caso, una considerable limpieza del hígado puede tener lugar gracias al consumo de este zumo: los materiales que lo estuvieran bloqueando se disuelven; a menudo el hígado se desprende de tal cantidad de estas sustancias que los canales intestinales y urinarios no pueden asumir este exceso, de modo que, de una manera perfectamente natural, pasan a la linfa, para que sean expulsadas del cuerpo a través de los poros de la piel. Este material tiene una coloración anaranjada o amarillenta característica, y al ser expulsado a veces decolorará la piel. Siempre que esta decoloración tenga lugar después de beber zumo de zanahoria u otros, será indicativa de que el hígado está obteniendo una muy necesaria limpieza.

No es el zumo de zanahoria ni el caroteno lo que sale por la piel. Esta decoloración tendrá lugar incluso si se filtra el zumo hasta el punto de quitarle cualquier pigmento de color. Es tan imposible que el pigmento de la zanahoria salga por la piel como lo es que el pigmento rojo de la remolacha vuelva el cuerpo rojo, o que la clorofila de los vegetales verdes tiña la piel de verde desde dentro. En cualquier caso, ¿no es mejor tener una saludable piel satinada, aunque pueda tener un matiz ligeramente azanahoriado, que una piel de aspecto pastoso, la cual, junto con sus espinillas y otras imperfecciones, muestra un estado insano del cuerpo?

En vez de angustiarnos por la decoloración de la piel, la cual desaparecerá en cualquier caso, deberíamos estar satisfechos por el hecho de que la degradación del hígado se ha visto detenida o prevenida gracias al consumo de estos zumos. Esta decoloración, de cualquier modo, puede ser hasta cierto punto atenuada si se ralentiza el proceso de limpieza sustituyendo el zumo que provoca una limpieza tan rápida, o añadiéndole otros zumos.

La falta de descanso o sueño, así como el exceso de trabajo, también pueden desembocar en cierto nivel de decoloración de la piel.

Las glándulas endocrinas, sobre todo las suprarrenales y las gónadas, necesitan componentes nutritivos que se encuentran en el zumo de zanahoria cruda. Su consumo permite a veces vencer la esterilidad. Esta empieza con la ingestión continuada de alimentos cuyos átomos y enzimas han sido destruidos al ser cocinados o pasteurizados.

La piel seca, la dermatitis y otros problemas cutáneos son debidos a que el cuerpo carece de algunos de los componentes alimenticios contenidos en el zumo de zanahoria. Esta carencia es también la causa de ciertos problemas oculares, como la oftalmia, la conjuntivitis, etc.

Este zumo alimenta sobre todo al sistema óptico, como lo demuestra un elevado número de jóvenes que solicitaron ser admitidos como pilotos en las escuelas del ejército y la marina y fueron descartados en el primer examen médico por tener la vista defectuosa. Unas cuantas semanas más tarde, tras haber bebido a diario una gran cantidad de zumo de zanahoria cruda, pasaron de nuevo la revisión y fueron aceptados, aun cuando se les exigía una visión perfecta.

Si esto hubiera sucedido solo una vez, se habría considerado sin duda un fenómeno. Si hubiera pasado dos veces, habría constado en los anales de la historia de la curación como una coincidencia. Cuando ocurre repetidamente, sin embargo, existen razones suficientes para dejar las dudas a un lado y darse cuenta de que hay más posibilidades en el cielo y en la tierra de las que incluso la mente más culta puede concebir.

Como he anunciado antes, no resulta menos efectivo el zumo fresco y crudo de la humilde zanahoria como coadyuvante en el tratamiento de las úlceras y los cánceres. A este respecto, ha demostrado ser el milagro del siglo. Los tejidos demacrados por los insidiosos estragos del hambre celular —clasificada como úlceras y cánceres— han sido nutridos hasta adquirir de nuevo un estado saludable gracias al consumo abundante de zumo de zanahoria como la principal fuente de alimentación, complementado tan solo con una dieta crudívora cuidadosamente seleccionada y preparada. Resulta esencial, sin embargo, que el zumo sea correctamente preparado, y que cualquier vestigio de azúcar concentrado, almidón y harina de cualquier clase sea totalmente eliminado de la dieta.

Para finalizar, recordemos que el mejor alimento para el colon, una vez purgado, es la combinación de zumo de zanahoria y espinacas.

Las moléculas del zumo de zanahoria, como las de la sangre

Por medio de supermicroscopios ha sido posible determinar que la molécula del zumo de zanahoria es exactamente análoga a la de la sangre, hecho que es de lo más interesante y significativo. No es de extrañar que hayamos constatado que el zumo de zanahoria sea tan extremadamente beneficioso.

Zumo de zanahoria, remolacha y coco

Si al zumo de zanahoria y remolacha le añadimos cierta cantidad de leche pura de coco, extraída de la pulpa del coco, obtenemos el zumo de zanahoria, remolacha y coco. Así contamos con un alimento que, además de sus intensas propiedades como regenerador del cuerpo, tiene unas cualidades incluso superiores como purgante de los riñones y la vesícula biliar. Si se prepara correctamente, esta combinación contiene los elementos alcalinos potasio, sodio, calcio, magnesio y hierro en abundancia, y los otros elementos –fósforo, azufre, silicio y cloro– en las proporciones correctas.

Zumo de zanahoria, remolacha y pepino

Cálculos biliares, piedras en el riñón y arenilla en la vesícula biliar y en los riñones son el resultado natural de la incapacidad del cuerpo de eliminar los depósitos inorgánicos de calcio que se forman tras el consumo de almidones y azúcares concentrados.

La vesícula biliar está directamente conectada con el hígado y con el torrente sanguíneo por medio del conducto biliar y el conducto hepático. Toda la comida que ingerimos es descompuesta por el sistema digestivo y los elementos que contiene son transportados por la sangre hasta el hígado para que allí sean procesados y separados. Ningún producto basado en cereales o harinas concentrados puede ser plenamente utilizado para la reconstrucción de las células y los tejidos, sobre todo si ha sido desvitalizado por acción del calor. Sus elementos constitutivos, sin embargo, tienen que pasar necesariamente por el hígado, y entre estos elementos tenemos el calcio. Estas moléculas de almidón no son solubles en agua.

El calcio orgánico o vital es necesario para el conjunto del organismo. Este calcio, que es el único tipo de calcio que es soluble en agua, tan solo puede obtenerse de las frutas y verduras y sus zumos cuando son crudos y frescos. Estos pasan por el hígado y son totalmente asimilados para las funciones glandulares y la formación de células y tejidos.

El calcio presente en todos los almidones y azúcares concentrados que han sido sometidos a la acción del calor es inorgánico e insoluble en agua. Su presencia en el sistema es extraña, y como tal es apartado por el flujo sanguíneo y linfático. El primer «vertedero» es el conducto biliar, que lo transporta a la vesícula biliar. El siguiente «vertedero» son las terminaciones de los vasos sanguíneos del abdomen, lo que da lugar a tumores, o del ano, lo que da lugar a hemorroides. Si estos átomos de calcio inorgánicos consiguen llegar aún más allá, acaban normalmente en los riñones.

Unos cuantos átomos de calcio inorgánico en la vesícula biliar o en los riñones pueden no ser muy dañinos, pero con el consumo continuado de pan, cereales, pasteles y otros productos elaborados con harina los sedimentos se van acumulando y dan como resultado la formación de arenilla o piedras en estos órganos.

La experiencia ha demostrado que eliminar estos sedimentos por medio de la cirugía es a menudo innecesario, excepto, quizá, en los casos más extremos; e incluso en estos casos es dudoso si no podrían obtenerse mejores resultados ayudando a la naturaleza, la gran sanadora, con el uso inteligente de métodos naturales.

El zumo de limón, en la proporción del jugo de un limón mezclado con un vaso lleno de agua caliente, tomado varias veces al día y complementado con vasos llenos de la combinación de zumo de zanahoria, remolacha y pepino tres o cuatro veces al día, ha ayudado a muchas personas a experimentar satisfactoriamente la desaparición tanto de la arenilla como de las piedras, a veces en el plazo de unos pocos días o semanas.

Un ejemplo perfecto nos lo ofrece la experiencia de un hombre de negocios bien entrado en los cuarenta. Destacaba en el mundo de los negocios y tenía allanado el camino hacia la fortuna. Poseía varias cadenas de almacenes de alcance nacional en los Estados Unidos, más una o dos en Gran

Bretaña. Sin embargo, hacía más de veinte años que venía padeciendo unos dolores agudos. Fue sometido a rayos X con y sin contraste oral, un colorante usado para detectar problemas en la vesícula biliar. Los resultados de las pruebas confirmaron el diagnóstico del médico: tenía piedras en la vesícula biliar.

El miedo y la aversión a la cirugía le hicieron descartar una operación. Le hablaron de los éxitos de las terapias basadas en zumos, leyó una de las primeras ediciones de este libro y buscó la ayuda de una persona competente y con experiencia en este tema. Se le explicó que si se sometía a un tratamiento relativamente rápido con estos zumos podría ser que experimentase, por poco tiempo, dolores incluso más intensos que antes. Estos dolores podían durar unos pocos minutos o incluso tal vez una hora o más en cada ocasión, pero irían cesando junto con la eliminación del calcio disuelto. Bebió diez o doce vasos de agua caliente con el jugo de un limón en cada ocasión a lo largo del día y aproximadamente un litro y medio de zumo de zanahoria, remolacha y pepino diario. El segundo día padeció terribles espasmos de dolor, cada uno de los cuales le duró entre diez y quince minutos. Hacia el final de la semana llegó la crisis. Rodó por el suelo durante una media hora presa de una terrible agonía; pero el dolor cesó de pronto y un poco después las piedras salieron, provocando una reacción que se manifestó como una orina de aspecto lodoso. Esa tarde era otro hombre. Al día siguiente llevó a cabo un largo viaje –desde Nueva York hasta Washington y desde allí hasta Canadá– conmigo en mi coche, sintiéndose veinte años más joven y maravillado ante la simplicidad de los milagros de la naturaleza.

Este no es un caso aislado. Miles de personas en todo el mundo han sido testigos, con agradecimiento, de los beneficios derivados de los zumos vegetales frescos y crudos. La combinación de los zumos de zanahoria, remolacha y pepino nos proporciona una de las mejores herramientas de limpieza y salud para la vesícula biliar, el hígado y los riñones, así como la próstata y otras glándulas sexuales.

También debe considerarse el hecho de que cuando comemos carne se genera una cantidad excesiva de ácido úrico en el organismo, que según parece no puede ser totalmente eliminado por los riñones, lo cual causa una tensión en estos órganos que repercute en el resto del cuerpo. Esta combinación de zumos es por tanto de un valor inestimable a este respecto para ayudar a purgar el sistema. También se ha llegado a la conclusión de que es recomendable eliminar los azúcares y almidones concentrados, así como la carne, para darle al organismo al menos durante un tiempo la oportunidad de reajustarse y volver a la normalidad. Una vez que se ha restablecido la salud del cuerpo, ya sabemos, por experiencia, que para desvitalizarlo de nuevo, si esta es nuestra elección, nos basta con volver a comer alimentos desvitalizados. Es auténticamente gratificante constatar que muchos no tienen el deseo de regresar a un estado de salud mediocre o peor que mediocre. Han experimentado la comprensión de que vale la pena conservar la salud, el vigor, la energía y la vitalidad, y que no representa un sacrificio cambiar lo que pensaban que era sabroso al paladar por lo que ahora saben que es más nutritivo.

De cualquier modo, los alimentos nutritivos son y pueden hacerse sabrosos por el sencillo método de aprender cómo hacerlo. Para ello, consulta mi libro *Diet & Salad Suggestions*.

CALDOS Y SALSAS
Caldo crudo de potasio

Hay muchos vegetales ricos en potasio; los más sobresalientes son la zanahoria, el apio, el perejil y las espinacas. Con el fin de obtener todos los beneficios del potasio, debería tomarse en forma de bebida en estado natural, sin diluir, de tal manera que el cuerpo pueda absorberlo y asimilarlo totalmente.

Los minerales y sales orgánicos abrazan, en esta combinación de «caldo» crudo de potasio, prácticamente todo el espectro de los que necesita el cuerpo. Su efecto a la hora de atenuar la excesiva acidez del estómago ha sido realmente extraordinario. Probablemente no exista para el organismo humano un alimento más completo que este en todos los aspectos.

Cuando los enfermos no pueden asimilar otros alimentos, el caldo crudo de potasio les ha proporcionado por regla general la nutrición que les ha permitido regresar a la normalidad. En el caso de personas convalecientes, tiene un valor inestimable; es sorprendente que todos los hospitales y sanatorios no hayan incorporado este alimento como una parte regular de la dieta diaria.

Algunas personas no encuentran el potasio tan sabroso como el zumo de zanahoria o algunas de las otras combinaciones de zumos. Debemos tener en cuenta, sin embargo, que cuando el cuerpo está hambriento de los átomos vivos que resultan esenciales para la regeneración de sus células y tejidos, ha pasado el tiempo en que el tema del sabor tiene relevancia a la hora de elegir los zumos que necesitamos. Como he afirmado anteriormente, ningún medicamento en todo el planeta proveerá al cuerpo de los átomos, vitaminas y hormonas vivos y orgánicos que son esenciales para la regeneración del desgaste que conduce a la enfermedad. La manera más rápida en que el cuerpo puede obtener estos nutrientes es por medio del consumo de zumos vegetales crudos.

Salsa de rábano picante

No resulta pertinente consumir zumos de rábano picante, porque los éteres de esta hortaliza son muy potentes y poderosos cuando ha sido finamente molida: el efecto de tomar media cucharadita de este rábano triturado dejará una impresión imborrable en la memoria de quien lo consuma, y también provocará la disolución de la mucosidad de las cavidades nasales. Una vez que hayamos experimentado esto con la pulpa del rábano picante, esa impresión y ese efecto en nuestra nariz despejarán todas nuestras dudas acerca de por qué no lo consumimos en forma de zumo.

La pulpa de rábano picante acabada de pulverizar mezclada enseguida con zumo de limón, tomada dos veces al día a razón de media cucharadita entre comidas, ha ayudado a disolver eficazmente la mucosidad. Esto es cierto no solo en el caso de las cavidades nasales sino también de todo el cuerpo, y sin que implique ningún daño para las membranas mucosas. Este mejunje actúa como un disolvente y purgador de mucosidades anómalas en el organismo humano.

Consumido sensatamente según lo indicado, mezclado solamente con jugo de limón, se ha constatado que el rábano picante no irrita los riñones, la vesícula o las membranas mucosas del tubo digestivo. Además de la utilidad de sus éteres a la hora de disolver la mucosidad, la salsa de rábano picante es un valioso diurético, especialmente beneficioso en caso de hidropesía.

Esta salsa debería prepararse fresca y no utilizarse si lleva hecha más de una semana. Ha de conservarse fría en una botella o tarro cerrados, aunque su potencia aumenta si se le permite calentarse hasta la temperatura ambiente cuando haya que consumirla. El rábano debería estar totalmente bañado por el zumo de limón.

Si esta salsa se consume tal como te he sugerido, tomando media cucharadita por la mañana y media cucharadita por la tarde diariamente, al principio puede provocar un copioso flujo de lágrimas, dependiendo de la cantidad de mucosidad depositada en las cavidades nasales y en otras partes del organismo. El rábano picante, como ya te he indicado, debe tomarse mezclado exclusivamente con zumo de limón; no conviene añadir nada para diluir la mezcla, ni beber nada unos momentos después de su consumo. Hay que tomar esta salsa durante semanas o meses si es necesario, hasta que pueda ser ingerida sin que provoque ninguna sensación. Esto será indicativo de que la disolución de la mucosidad se habrá prácticamente completado. En todos los casos de mucosidad nasal, esta salsa ha demostrado ser un medio natural muy efectivo para ayudar a erradicar la *causa* de esta molestia.

Por norma general, los resultados más satisfactorios se obtienen cuando la mezcla consiste en el jugo de dos o tres limones más 125 ml de rábano picante triturado, haciendo que la mezcla adquiera la consistencia de una salsa espesa.

Lee el apartado dedicado al zumo de rábano (en la página 84).

OTROS TEMAS
DE INTERÉS VITAL

✤

¡OH! ESTÁS RESFRIADO, ¿VERDAD?

¿Te sientes congestionado? ¿Estás estornudando? ¿Experimentas un «bajón» general?

Durante muchos años, los investigadores han estado y todavía están intentando aislar e identificar algún «germen» evasivo al que echar la culpa del resfriado común.

En algún punto a mediados de la década de los años veinte, la ciencia saltó a los titulares de los periódicos por haber «descubierto» un «germen» que era definitivamente el responsable del resfriado común, pero era demasiado pequeño y esquivo para poder ser cazado, o incluso para poder ser visto a través de los microscopios más potentes disponibles en esa época. Aun así, ¡¿resultó que se había «descubierto» este microorganismo!?

A medida que ha progresado la capacidad de agrandar la imagen de la materia, los microscopios electrónicos han dado pasos tan gigantescos que lo que es prácticamente invisible puede ser amplificado muchos miles, incluso cientos de miles de veces. Los científicos todavía están esperanzados con el pensamiento de que pueden cazar al «germen», pero por lo que sé como resultado de toda la investigación que he podido llevar a cabo, dicho «germen» no ha sido todavía visto, cazado o dominado. Ciertamente se han identificado unos cien gérmenes diferentes, bien se trate de virus o bacterias, pero ninguno de ellos sería capaz de *dar origen* a un resfriado. Lo que hacen es alimentarse de la mucosidad que se genera con el resfriado; disuelven y descomponen esta mucosidad para poder disponer de ella.

Y es que no existe ningún germen que pueda hacer que uno pille un resfriado. Vale la pena evocar la analogía de la electricidad en referencia a los resfriados: el sistema eléctrico de tu casa está equipado con fusibles, y ¿qué ocurre cuando el circuito eléctrico se sobrecalienta porque has sobrecargado la línea por tener demasiadas luces encendidas y aparatos en marcha? ¿Te notifica algún «germen» que un fusible se va a fundir o que el sobrecalentamiento de los cables puede provocar un incendio en tu casa? No. Si los fusibles no se funden, los cables sobrecargados y sobrecalentados van a desatar un incendio.

Piensa sobre ello cuando «pilles un resfriado».

Si los materiales de desecho no son eliminados del organismo, de manera natural aumentan la fermentación y el calor en el cuerpo. Cuando dicha fermentación ha llegado a un nivel de toxicidad suficiente, la naturaleza se manifiesta preocupada por nuestra negligencia a la hora de conservar el cuerpo limpio por dentro, y nos lanza una advertencia en forma de la eliminación de mucosidad que ha sido etiquetada como *resfriado*. Se trata solo de esto, y lo he visto constatado una, y otra, y otra, y otra vez; si se hace caso omiso de la advertencia, surgen problemas más serios: afecciones que son tan conocidas que un listado de ellas ocuparía toda una enciclopedia médica.

Nunca maldigas al resfriado que has pillado. En vez de eso, agradécele que te haya advertido a tiempo, y haz algo al respecto. No se sabe de ningún medicamento que haya curado un resfriado sin que se hayan desarrollado afecciones de naturaleza más seria, que raramente son atribuidas a dichos medicamentos.

Para exponerlo brevemente, un resfriado es el resultado de la secreción de demasiados desechos acumulados, que no están siendo ni lo suficientemente ni lo debidamente eliminados. El colon es el receptor de toda esta podredumbre. Las toxinas se extienden por todo el cuerpo, generando una mucosidad insalubre en las cavidades nasales. La presencia de excesivos materiales de desecho es el factor que contribuye a la generación de la mucosidad. El resultado: un resfriado.

La persona inteligente prestará la debida atención a estos hechos y de manera natural hará lo que muchísimas otras personas hacen cuando se presentan los primeros síntomas del resfriado: llevan a cabo enemas e irrigaciones del colon para erradicar la causa. Ayunar durante uno o dos días —durante los cuales solo se toma agua y zumos de frutas— ha sido muy efectivo durante estas limpiezas. Un régimen a base de alimentos y zumos crudos ha demostrado ser la mejor manera de prevenir la acumulación de desechos y mucosidades, siempre que el cuerpo, y el colon en particular, se hayan depurado y se conserven constantemente limpios.

Tus glándulas endocrinas

El cuerpo humano no podría funcionar si no fuera por el sistema endocrino. Las glándulas son los mecanismos de activación responsables de cada función y proceso que tiene lugar dentro de nuestro organismo, con los cuales se implica.

Hay glándulas de secreción interna y glándulas de secreción externa. Todas ellas fabrican, en cantidades microscópicas, unas sustancias conocidas como hormonas.

Las hormonas son productos generados y elaborados en las glándulas que se descargan en la sangre o en la linfa, en la mayor parte de los casos, mientras que en otras ocasiones su acción es algo semejante a efectuar un contacto eléctrico en un lugar con el fin de desencadenar, detener o modificar una acción que se desarrolla en otro sitio, a veces muy alejado.

Endocrino significa que la elaboración de las hormonas se produce en el interior de las glándulas, sin que exista ningún conducto para descargarlas de ellas. La descarga se produce por medio de un trasvase osmótico desde el interior de la glándula a través de su envoltura, y las hormonas son recogidas por la sangre o la linfa desde el exterior de las glándulas.

En cambio, las glándulas de secreción externa son las que tienen uno o varios conductos que van directamente desde la «planta generadora» de la glándula hasta el exterior de esta, es decir, a la sangre, la linfa o su entorno. Las amígdalas y el apéndice son glándulas de secreción externa; las primeras segregan su producto en la garganta, mientras que el apéndice lo hace en el colon.

La cantidad de hormonas secretada en cada ocasión es tan infinitesimal, tan infinitamente pequeña, que con el fin de obtener 7,5 ml de la hormona secretada por la glándula pineal, por ejemplo, ¡sería necesario recoger hormonas de más de veinte millones de glándulas!

Como cualquier otra parte del cuerpo humano, las glándulas deben recibir nutrición constante con el fin de poder operar eficazmente. Esta nutrición debería ser de la más alta calidad, a causa del importante, intrincado y delicado trabajo que tienen que realizar.

Las extensas ramificaciones de la cadena hormonal son poco menos que formidables, e incluso un estudio superficial de este gráfico es suficiente para que podamos dar las gracias a nuestro Creador por haber dotado a nuestro insignificante cuerpo de una maravilla tan ingeniosa.

Lo menos que podemos hacer para ayudar a nuestro portentoso sistema glandular a funcionar a su máximo nivel de eficacia es mantener nuestro cuerpo completamente limpio de desechos y materia corrompida, nutrirlo con los mejores alimentos y zumos naturales y crudos disponibles y aprender muy bien cómo controlar nuestra mente y nuestras emociones.

Con la debida atención a este programa deberíamos adquirir la energía que necesitamos para vivir una vida plena, feliz, útil, alegre e inteligente.

EL ÁCIDO OXÁLICO

Uno de los misterios de la anatomía humana es la función conocida como *movimientos peristálticos*. Estos movimientos o acciones tienen lugar en el canal digestivo, en los conductos circulatorios y del aparato reproductor y en los canales de evacuación a modo de movimientos en forma de ola, que fuerzan a que cualquier materia presente siga su camino hacia delante. Es una contracción y relajación sucesiva de los nervios y los músculos, una función que tiene lugar de manera involuntaria, de una forma que parece totalmente automática; no tenemos el poder de controlar estos movimientos con la fuerza de nuestra voluntad.

De todas maneras, la eficacia de esta acción peristáltica depende mucho de que los nervios y músculos de estos canales presenten un tono y un vigor adecuados. Y el ácido oxálico orgánico es uno de los elementos necesarios para mantener el tono de la peristalsis y estimularla. Es perfectamente obvio, desde luego, que cualquier movimiento del cuerpo que se produzca por la acción «involuntaria» de un órgano requiere que haya vida en las células y tejidos de dicho órgano. La vida es activa, magnética, mientras que ninguna acción tiene lugar en la muerte o por parte de la materia muerta. Esto es perfectamente aplicable también a las células y tejidos de nuestra anatomía.

Si los órganos que llevan a cabo las funciones alimentarias y evacuadoras de nuestro organismo, o cualquier parte de ellos, están moribundos o muertos, su eficacia se ve como mínimo perturbada. Esto solo puede ocurrir como consecuencia de una falta o insuficiencia de átomos vivos en los alimentos que nutren las células y tejidos de dichos órganos. Que los alimentos son vivos significa que contienen átomos y enzimas vivos, orgánicos, y estos solo se encuentran en los alimentos crudos.

Ya me he referido anteriormente a la importante cuestión de los átomos orgánicos versus los inorgánicos de nuestros alimentos. Es de vital importancia insistir en este tema en relación con el ácido oxálico. Cuando los alimentos son crudos, sean consumidos enteros o en forma de zumos, todos los átomos que los integran son orgánicos, vitales, y están repletos de enzimas. Pues bien, el ácido oxálico presente en nuestros vegetales crudos y sus zumos es orgánico, y como tal no es solamente beneficioso, sino esencial, para las funciones fisiológicas corporales.

El ácido oxálico de los alimentos cocinados y procesados, sin embargo, está definitivamente muerto, o, lo que es lo mismo, es inorgánico, y como tal es a la vez pernicioso y destructivo. El ácido oxálico se mezcla fácilmente con el calcio. Si ambos son orgánicos, el resultado es una combinación beneficiosa, constructiva, puesto que el primero ayuda a la asimilación digestiva del segundo, a la vez que estimula las funciones peristálticas del cuerpo. En cambio, cuando el ácido oxálico se ha vuelto inorgánico por efecto de la cocción o por haberse procesado los alimentos que lo contienen, este ácido forma un compuesto con el calcio presente en los otros alimentos consumidos durante la misma comida, de tal manera que el valor alimenticio de ambos queda aniquilado. La consecuencia es una carencia de calcio tan seria que provoca la descomposición de los huesos. Este es el motivo por el cual yo nunca como espinacas cocinadas o enlatadas.

En cuanto al propio ácido oxálico, cuando se convierte en inorgánico, a menudo desemboca en la creación de cristales de ácido oxálico inorgánico, los cuales se forman en los riñones.

Vale la pena señalar que los minerales presentes en nuestros alimentos –el hierro, por ejemplo– a menudo no pueden asimilarse y aprovecharse completamente si se han vuelto inorgánicos por haber sido cocinados, y a menudo impiden que otros elementos puedan ser aprovechados, por medio, entre otras, de acciones químicas. Así pues, resulta que el hierro presente en el zumo de espinacas frescas y crudas puede aprovecharse al cien por cien, pero solo una quinta parte, o menos, es aprovechable en el caso de las espinacas cocinadas.

Es conveniente recordar, por consiguiente, que puesto que el ácido oxálico orgánico es tan vital para nuestro bienestar, deberíamos consumir el zumo fresco y crudo del vegetal que lo contiene diariamente, como complemento de las hortalizas crudas que incluimos en nuestras ensaladas diarias.

Las fuentes más abundantes de ácido oxálico orgánico son, frescas y crudas, la espinaca –tanto la variedad común como la espinaca de Nueva Zelanda–, la acelga, las hojas de remolacha, las hojas de nabo y mostaza, la col rizada, la berza y la acedera francesa de hoja ancha.

El *DULSE* Y EL *KELP*

Durante millones de años, las lluvias han arrastrado capa tras capa de tierra y todos los demás materiales terrestres de campos, montañas y colinas. Todo esto ha sido depositado en el fondo del mar, proporcionando al lecho de los océanos la tierra más fértil del mundo.

Si tuviera que comer carne, elegiría el pescado. Como los peces se alimentan de los contenidos del mar y los ríos, su carne incluye más elementos –minerales y oligoelementos– que cualquier otro tipo.

En cuanto a los habitantes vegetales del mar, las algas constituyen uno de nuestros complementos alimenticios más valiosos. Sus raíces se hallan a veces entre ocho mil ochocientos y nueve mil metros bajo la superficie de los océanos mientras que sus tentáculos flotan hacia la superficie, donde, con la ayuda de sus enzimas y de los rayos del sol, les brotan nódulos y hojas.

Las hojas son conocidas como lechugas de mar, o como *dulse*. El *dulse* es un aditivo importante en los platos de Escocia, Irlanda y muchas otras naciones. En Estados Unidos y Canadá se usa ampliamente como un saludable suplemento dietético en forma desecada.

Las algas dotadas de grandes hojas son normalmente desecadas, pulverizadas o trituradas, resultando en unos polvos o granos conocidos como *kelp*.

En cualquiera de estas variedades, las algas marinas constituyen una fuente excelente de yodo orgánico, entre otros minerales y oligoelementos que no se pueden obtener fácilmente de nuestros vegetales más habituales.

La combinación de elementos terrestres y agua de mar en el fondo de nuestros océanos contiene más de cincuenta y nueve de los elementos de la naturaleza. Esto nos permite apreciar el valor de los alimentos marinos en nuestros programas nutricionales. Los cincuenta y nueve elementos más importantes son los siguientes:

• Actinio	• Azufre	• Bromo
• Aluminio	• Bario	• Calcio
• Argón	• Bismuto	• Carbono
• Arsénico	• Boro	• Cerio

- Cesio
- Cinc
- Circonio
- Cloro
- Cobalto
- Cobre
- Cromo
- Erbio
- Escandio
- Estaño
- Estroncio
- Flúor
- Fósforo
- Hidrógeno
- Hierro
- Indio

- Iridio
- Itrio
- Lantano
- Litio
- Magnesio
- Manganeso
- Mercurio
- Neptunio
- Nitrógeno
- Oro
- Osmio
- Oxígeno
- Plata
- Platino
- Plomo
- Plutonio

- Potasio
- Radio
- Renio
- Rubidio
- Rutenio
- Samario
- Selenio
- Silicio
- Sodio
- Talio
- Tántalo
- Torio
- Tulio
- Uranio
- Yodo

Si usamos el *kelp* y el *dulse* con moderación como complementos alimenticios, podemos estar bastante seguros de estar proporcionando a nuestro organismo al menos algunos de los oligoelementos que son tan necesarios para nuestro bienestar y que no están disponibles en las verduras ni en las frutas.

En mi casa normalmente tenemos un salero en la mesa con gránulos de *kelp* y un plato con *dulse*, que añadimos libremente a nuestras ensaladas y zumos.

Si agregamos un poco de *kelp* a la «combinación del potasio» (zumo de zanahoria, apio, perejil y espinacas), enriquecemos el beneficio que obtenemos de esta valiosa mezcla y conseguimos algo muy favorable para el sistema glandular, particularmente para la glándula tiroides.

Puedes conseguir *dulse* y *kelp* en las tiendas de alimentos naturales. ¡No emplees en tus comidas ninguno de los yodos que se venden en las farmacias!

EL VINAGRE

Todas las referencias que he hecho en mis anteriores publicaciones a los efectos nocivos del vinagre tenían definitivamente que ver solamente con el vinagre blanco destilado y con el vinagre de vino, cuyo factor destructivo es el predominio del ácido acético. En cambio, el vinagre de sidra de manzana, elaborado a partir de la manzana entera y no diluido, contiene el constructivo ácido málico, un componente necesario en los procesos digestivos.

Hay tres tipos de vinagre que son los más generalmente utilizados: el de sidra de manzana, el vinagre blanco destilado y el vinagre de vino. Este último es un condimento usado habitualmente en los países latinos, que como el vinagre blanco destilado, contiene ácido acético.

El vinagre blanco destilado es perjudicial para el organismo. Destruye rápidamente los glóbulos rojos, lo que conduce a la anemia. También interfiere en los procesos digestivos, retrasándolos y evitando la correcta asimilación de la comida. Este vinagre ($C_2H_4O_2$) es el producto de la fermentación por acidez de líquidos alcohólicos tales como el vino fermentado y los licores de malta, los cuales son conocidos como vinagre de vino y vinagre de malta respectivamente.

El vinagre que es el resultado de los procesos de fermentación del vino contiene por término medio entre un 3 y un 9% de ácido acético, y además, normalmente, un poco de ácido tartárico. El ácido tartárico presente en el vinagre

es conocido por ser un factor que contribuye al endurecimiento del hígado (cirrosis del hígado), así como a la úlcera
duodenal y otras úlceras intestinales.

El vinagre elaborado a partir de las manzanas es conocido como vinagre de sidra de manzana. Contiene ácido málico
($C_4H_6O_5$), un componente orgánico natural de las manzanas
que juega un importante papel en los procesos digestivos. El
ácido málico se mezcla con elementos alcalinos y minerales
del cuerpo con el fin de producir energía o para ser almacenado en el organismo como glucógeno para usos futuros.
Su consumo prudente por parte de los humanos, así como
por parte de los animales, ha demostrado ser de un valor
incalculable.

Por una cuestión de espacio no puedo dar cuenta del
enorme abanico de resultados beneficiosos obtenidos con
el vinagre de sidra de manzana; por ejemplo, cómo ayuda
en la coagulación de la sangre a la hora de conseguir un flujo
menstrual normal y cómo contribuye a tener unos vasos sanguíneos, venas y arterias saludables, así como a la generación
de los glóbulos rojos.

Una de las mayores virtudes de este vinagre es su extraordinario contenido en potasio, un elemento muy necesario para generar y guardar reservas orgánicas y para ayudar al
organismo a obtener calma y armonía. Este potasio se asocia
fácilmente con algunos de los componentes más importantes
del cuerpo, tales como el calcio, el sodio, el hierro, el magnesio, el cloro y el silicio.

Es importante, a la hora de elegir el vinagre de sidra de
manzana, que tengamos en cuenta su origen. Debemos ase-
gurarnos de que está elaborado a partir de la manzana entera

y descartar los vinagres más baratos que aprovechan solamente el corazón y la mondadura.

Consumido con moderación, el vinagre de sidra de manzana es un elemento indispensable en las alacenas de la cocina. Sus cualidades antisépticas son casi imposibles de creer. Muchas víctimas de afecciones cutáneas, incluidas las contagiosas, han obtenido beneficios de aplicarlo directamente sobre la piel.

En Escocia era una práctica común, y tal vez lo sigue siendo, reducir las varices y venas abultadas por medio de la aplicación de vinagre de sidra de manzana sobre la piel a lo largo de todas las venas afectadas, por la mañana y por la noche, durante un mes o más, junto con la ingestión diaria de dos o tres vasos de agua con dos cucharaditas de vinagre de sidra de manzana en cada vaso. ¡Funcionaba!

Tu *vida* se manifiesta en las características de tu sangre, la cual se genera en la médula de tus huesos, es activada por tu bazo e impulsada para que circule por tus vasos sanguíneos. Este es un proceso natural y sistemático que hace que el torrente sanguíneo se renueve completamente cada veintiocho días. Y a menos que se logre un equilibrio entre la creación de nuevas células sanguíneas mientras las viejas completan su ciclo, la salud no puede conservarse y la eficiencia de la persona se ve alterada.

Ningún tipo de nutrición ha demostrado ser tan efectiva en la conservación del equilibrio del cuerpo humano como los zumos de verduras y frutas frescas y crudas. Asimismo, ningún producto ha resultado ser más eficaz a la hora de ayudar a lograr el restablecimiento de dicho equilibrio que el vinagre de sidra de manzana puro.

El vinagre de sidra de manzana ha sido de gran ayuda en los casos de sangrado excesivo en los ciclos menstruales, el sangrado de las hemorroides, el sangrado de la nariz, los cortes, etc., simplemente añadiendo cada día dos cucharaditas de este vinagre a un vaso de agua, dos o tres veces al día en caso de ser necesario.

La falta de ácido clorhídrico conlleva consecuencias. La primera es que nuestro sistema digestivo no logra digerir las proteínas, y la segunda podría ser el aumento de la presión sanguínea. Añadir de una a tres cucharaditas de vinagre de sidra de manzana a un vaso de agua y tomarlo en mitad de las comidas es una manera de rebajar la tensión sanguínea.

EL CHUCRUT

El chucrut es un preparado de col en vinagre, finamente cortada y fermentada en salmuera. Este método de conservación y esta fermentación son demasiado agresivos con las membranas mucosas del canal digestivo y afectan adversamente a la textura de la piel, que tiende a volverse áspera. Su estimulación de los órganos digestivos es muy contraproducente a causa de la presencia de una solución tan grande de sal inorgánica –procedente de la salmuera.

LA LECHE[1]

Siempre que se necesite consumir una leche que no sea la materna, la leche cruda de cabra es, por lógica, la más beneficiosa para las personas de todas las edades.

---

1. Nota del editor americano: la ciencia está descubriendo ahora los factores médicos que el doctor Walker ya conocía bien: «Un alto porcentaje de niños son alérgicos a la leche de vaca». El doctor Walker abogaba por la leche

La leche *nunca* debería ser calentada a temperaturas superiores a los 47,7 °C, porque a los 54,4 °C las enzimas resultan destruidas. Por la misma razón, jamás deberíamos consumir leche pasteurizada. Cuando es posible, lo mejor es consumir la leche tan pronto como se pueda después de que la cabra ha sido ordeñada, antes de meter el resto en la nevera. Si se guarda en el frigorífico dentro de una botella bien cerrada, esta leche se conservará perfectamente durante uno o dos días.

Hace poco me llamó la atención el caso de la hija de un buen amigo. La niña contaba con veintidós meses. La madre la había amamantado durante un año, y a lo largo de ese período, y durante muchos meses después, la criatura no había tenido ningún episodio de goteo nasal ni ningún día malo, ni desde el punto de vista físico ni en cuanto a su humor... hasta que un día le dieron leche de cabra pasteurizada.

Ocurrió que el padre de la niña tenía dos cabras, que un día dejaron de dar leche. Entonces intentó obtener leche cruda de cabra de un lechero, pero este le dijo que legalmente no podía venderle la leche *cruda*; tenía que ser pasteurizada. Bajo la presión y los argumentos del lechero, mi amigo compró un poco de leche de cabra pasteurizada y se la dio a beber a su pequeña.

A los dos días de estar bebiendo la leche pasteurizada, la nariz de la niña empezó a moquear, y además la pequeña se volvió irritable. Su padre enseguida se fue a comprar dos

---

cruda de cabra. Sin embargo, las leyes actuales prohíben la venta de cualquier leche que no haya sido pasteurizada. Hemos dejado intacto el mensaje del doctor Walker, de manera que puedas comprender su preocupación y efectuar tu propia valoración.

cabras «frescas», para volver a darle a su hija la leche de cabra *cruda*. ¡En dos días se desvanecieron sus trastornos! Ahora, esta niña bebe regularmente leche de cabra cruda y zumo de zanahoria fresca y cruda.

Este no es de ninguna manera un caso aislado. La leche cruda de cabra es uno de los alimentos más limpios que podemos consumir, mientras que la de vaca es todo lo contrario. Se ha demostrado que la leche de vaca da lugar a mucha mucosidad, lo que no ocurre con la de cabra.

La razón por la cual la leche de cabra no está a día de hoy generalizada es puramente económica. Una vaca proporciona mucho más volumen de leche que una cabra. Las vastas poblaciones urbanas son el freno que impide la popularización de la leche de cabra. Serían necesarias muchas más manos —o maquinas ordeñadoras— en las granjas, por ejemplo, para ordeñar quinientas cabras y conseguir la misma cantidad de producto que se obtendría de cien vacas.

De cualquier modo, necesitamos un cobertizo de solo tres metros por tres metros y medio para alojar cinco cabras, y esas cinco cabras necesitan menos comida de la que requiere una sola vaca. Desde luego, lo ideal es que una o dos familias adquieran entre una y dos hectáreas de tierra cultivable, con mucha agua disponible y una zona de árboles. Ahí deberían tener dos o tres cabras lecheras, unas cuantas aves de corral que proporcionasen abono al campo, huertos con frutas y verduras orgánicas, un jardín de flores y dos o tres colmenas que diesen entre veintisiete y treinta y cuatro kilos de miel, o más, al año.

Si cuentas con los medios que te permitan hacer esto, esta instalación os permitiría a ti y a tu familia llevar un estilo de vida muy independiente. Así podríais disfrutar de una vida larga, saludable y feliz.

Un sueño así se puede hacer realidad. No dejes que un complejo de inferioridad te detenga: otros lo han hecho; tú también puedes hacerlo. Actúa según el viejo proverbio que dice: «Apunta al cielo y llegarás más alto que un árbol».

¡Vamos a revertir el problema de la leche! Recuerda que la cabra es probablemente el animal más limpio que tenemos. Sus órganos de evacuación rayan en la perfección. Por lo tanto, su humor es amistoso; casi amoroso. Su leche tiene una vibración mucho más alta que la de la vaca. Y es de una vibración más alta que la de la madre que fuma, bebe refrescos y cuyo temperamento puede ser calificado, hablando finamente, de susceptible. Además de ser los animales más limpios, las cabras prácticamente no se ven afectadas por la tuberculosis, la brucelosis y otras enfermedades que afectan a la vaca.

La calidad de la leche de cabra es muy superior a la de la vaca porque es, de manera natural, homogénea. Tiene más nitrógeno no proteico, sus proteínas son de mejor calidad y contiene mucha más cantidad de niacina y tiamina que casi ningún otro alimento o producto.

La leche de cabra se ha mostrado muy beneficiosa y eficaz en casos de diarrea en los niños pequeños. Esto es debido a su contenido extremadamente alto en niacina. Y la tiamina, por su parte, es una de las vitaminas más importantes del complejo B; está implicada en todos los procesos vitales, desde el nacimiento hasta la muerte. La tiamina es abundante en la leche de cabra.

Permíteme volver a subrayar que es mejor no calentar la leche de cabra por encima de los 47,7 °C. Cuando la leche de cabra es sobrecalentada, hervida o pasteurizada, es mejor verterla por el desagüe que alimentar con ella a los niños: si se alimentara a los cabritos con leche de cabra pasteurizada, probablemente no vivirían más de seis meses.

EL PARTO NATURAL

A continuación ofrezco la narración detallada de lo que hizo Diane Vallaster Folton durante sus meses de embarazo y de cómo su bebé Eric ha ido creciendo a base de alimentos crudos. ¡Nada de «fórmulas para bebés»! Lee este testimonio y, en el futuro, ¡a ver si haces lo mismo!:

Era el mes de junio de 1966 y ¡estaba embarazada! Iba a tener mi primer bebé a los treinta y tres años. Me quedaba todavía un mes de escuela. Mantener a treinta estudiantes de primer curso plenamente ocupados e intentar a la vez gestionar los inacabables formularios del fin del curso me dejaba exhausta.

De pronto, las ensaladas vegetales que había disfrutado tanto me sabían a serrín. ¡Mi dieta pasó a seguir un patrón totalmente nuevo! En resumen, la cosa fue así:

Del primer al tercer mes de embarazo: nada me atraía excepto el pomelo y las avellanas recién partidas, que comía tres veces al día.

Del cuarto al sexto mes: aunque el pomelo continuó siendo un alimento básico para mí, volví a disfrutar de una amplia variedad de frutas. Estábamos en septiembre y las moras silvestres se encontraban en su mejor punto. También nos las arreglamos para encontrar ciruelas, ciruelas pasas, peras y manzanas, todo ello cultivado sin productos químicos.

Habíamos leído que el té de hoja de frambuesa era bueno para el embarazo, así que a principios de septiembre visitamos el campo de frambuesas de nuestros vecinos y llenamos bolsas con las hojas de las frambuesas, que secábamos en bandejas y después almacenábamos. Desde septiembre hasta el día uno de marzo consumí al menos medio litro diario de este té. Era difícil encontrar buenas zanahorias, pero conseguimos las suficientes para poder hacer medio litro de este valioso zumo cada día. Puesto que estaba agotada después de un año escolar en que anduve muy ocupada, sentí que necesitaba unos cuantos suplementos alimenticios, de modo que tomé diariamente lo siguiente:

- Seis comprimidos de *kelp* y seis comprimidos de calcio natural.
- 67 mg de vitamina E.
- Dos cucharaditas de aceite de hígado de bacalao, porque en esta época del año no gozamos del sol en Columbia Británica (Canadá).
- Vitamina C natural, en cantidades variables.

Si en algún momento padecía retención de líquidos, enseguida iba a la caza de una piña fresca; si no encontraba ninguna, el zumo de piña sin azúcar también me servía.

Me sentía tan bien que no visité ningún médico hasta el sexto mes. Mis amigos se alarmaron tanto que finalmente accedí a ver uno. Ese médico no se podía creer la fuerza del latido del bebé, que yo no hubiera ganado peso y que mi organismo no tuviera toxicidad. Él creía en el parto natural, así que se mostró satisfecho con mi sencilla dieta natural.

Caminaba kilómetros cada día. Teníamos dos perritos, así que siempre tenía una excusa para estar fuera. Asistí a un curso de ejercicios prenatales pensados para el parto natural y los hice cada día, además de atender las tareas del hogar.

El día 1 de marzo Eric vino al mundo con un chillido y una cabeza llena de pelo, un pelo grueso, largo, rizado y negro. Esto fue extraordinario, porque la mayor parte de los bebés de hoy día nacen con muy poco cabello o sin él. Su color brillante fue el tema de conversación de los médicos y enfermeras —¡no nació con la piel de color blanco leche!

Para sorpresa de todos, fui capaz de amamantar a Eric. Si bien la leche tardó un poco en acudir, perseveré, y pronto le puede ofrecer una buena provisión de una rica leche cremosa, aunque siempre me habían dicho que esa leche es normalmente azul y acuosa.

La dieta hospitalaria era bastante muerta, después de los alimentos vivos que había estado comiendo, pero pedí cada alimento vivo que se ofrecía en el menú. Las enfermeras estaban continuamente preocupadas porque veían que mi ingesta proteínica no era la adecuada, de manera que me bombardeaban con enormes vasos llenos de leche pasteurizada cada tres horas. Alimenté el lavabo con esa leche y la sustituí por agua. Mi marido y mi hermana me traían un litro de zumo de zanahoria cada día, además de bolsas con avellanas recién descascarilladas para complementar mi pobre dieta. La bandeja de frutos secos (secados al sol) que me trajeron la catalogaron de peligrosa en el hospital, porque, decían, le producirían diarrea al bebé. Yo era incapaz de entender cómo podían dañarlo a él o perjudicarme a mí, puesto que los había estado comiendo desde hacía diez años y el bebé había crecido maravillosamente con ellos durante casi nueve meses.

¡Qué maravilloso fue regresar a casa y volverme a encontrar con la abundancia de alimentos a los que estaba acostumbrada! No pude resistirme más a la bandeja de frutos secos y, tal como esperábamos, no tuvieron ninguna mala consecuencia.

Con todos los alimentos crudos que estaba comiendo —al menos el 60% de los cuales eran frutas— me horroricé, tras el nacimiento de Eric, al ver que pasaban los días y no defecaba. Por fin, al quinto día de estar en casa, evacuó una pequeña deposición completamente normal. ¡Ni estreñimiento ni diarrea!

¿Dónde habían estado esas heces durante todo ese tiempo? Estábamos desconcertados, pero este iba a ser el patrón. A menudo me pregunté si debía suministrarle enemas. El misterio continuó hasta que, por casualidad, encontramos un viejo libro sobre lactancia, donde se decía que a veces los alimentos son tan exhaustivamente aprovechados por la criatura que no es extraño que un bebé pequeñito esté hasta siete días sin defecar.

Esta pauta continuó mientras no ingirió alimentos sólidos. A los seis meses sorbió un poco de zumo de zanahoria fresca, pero no fue hasta que cumplió los nueve meses cuando tomó algo sólido. Un plátano muy maduro y un poquito de aguacate, ambos presionados contra un colador fino, constituyeron su primer «plato» sólido. En esta ocasión no hubo que esperar cinco días: pocas horas después de esa comida ¡hizo una deposición llena de diminutos hilos negros! Me aterroricé; pensé que debía de tener lombrices. La enfermera del sistema de salud pública estaba por nuestra zona ese día y le mostré el pañal entre lágrimas para que lo inspeccionase. Enseguida preguntó qué había comido, y cuando le dije que solo un poco de plátano, rio y dijo: «Bueno, he aquí tus lombrices: ¡la celulosa del plátano!». ¡Hasta el día de hoy se me hace difícil creer que un plátano blando esté tan lleno de celulosa!

Eric tomó solamente esos dos alimentos, plátano y aguacate —más un poco de zumo de zanahoria— hasta después de cumplir el año. Poco a poco fuimos añadiendo a su dieta la pulpa de ciruelas pasas, dátiles y albaricoques —tras haber puesto dicha pulpa en remojo y haberla colado—, normalmente todo ello acompañado de aguacate. Al poco tiempo estaba tomando una mezcla de frutas frescas del tiempo.

Pronto aprendimos que Eric elegía su comida. A veces solamente tomaba manzanas durante unos cuantos días seguidos, después cambiaba al aguacate, y continuaba así. Le encantaba, y todavía le encanta, masticar las hojas secas de *dulse*. Durante dos años y medio, la única leche que tomó fue la mía. Ahora bebe zumo de zanahoria y leche de nueces, y esperamos empezar a darle pronto leche cruda de cabra.

Nunca ha tenido la cabeza congestionada, ni mocos, ni hinchazones, ni el estómago dilatado, ni inflamación de los ganglios.

Mientras tanto, la mayor parte de mis amigos estaban alimentando a sus bebés con papillas envasadas. Supuestamente, dichas papillas debían hacer que el bebé permaneciese dormido durante toda la noche. Pero como no podían digerir el almidón, entraban en una espiral interminable de resfriados, gripes, neumonías, dermatitis del pañal y alergias.

Por suerte, nosotros hemos evitado todo esto, gracias a seguir las sencillas pero estrictas leyes de la naturaleza.

Una cosa que me molestaba en relación con dar el pecho era el hecho de que necesitaba dormir más y no tenía tanta energía como antes, pero por otra parte tenía un bebé feliz y satisfecho. También me di cuenta de que mi barriga no se aplanaba como había esperado, pero después de que Eric dejó de tomar el pecho volvió a sus proporciones normales. Ahora estamos en mayo de 1970. Eric tiene tres años. Su dieta consiste en fruta cruda, frutos secos, verduras frescas y crudas y sus zumos correspondientes, nueces, semillas y miel. Está equilibrado mentalmente, se desarrolla bien físicamente y está lleno de energía y curiosidad.

Estoy muy agradecida al programa del doctor Walker.

¿Ayudan los zumos a curar los huesos? ¡Esta es la respuesta!

Esta es la carta que recibí de Adelle Vallaster, profesora de economía doméstica que vive en Kamloops (Columbia Británica, Canadá):

Finalmente, después de años de planearlo, mi madre y mi padre se fueron a Europa, y tuvimos que hacernos cargo de su tienda de productos naturales. El cartero empezó a hacer huelga en esos momentos, una complicación más dada nuestra situación. Toda comunicación quedó en suspenso, hasta que llegó un telegrama fatídico diez días antes de la fecha prevista para el regreso de mis padres. Nos indicaban que les enviásemos dinero extra y nos decían que empezáramos a plantar hierba de trigo en cajas.

¡Algo estaba yendo muy mal!, aunque no había manera de saber el qué. Hasta que llegaron a casa. Entonces supimos que una motocicleta había atropellado a mi madre mientras cruzaba una calle en Austria y que la pierna se le rompió de mala manera. Por algún milagro fue tratada por uno de los mejores especialistas de la zona, quien consiguió poner los huesos, tremendamente fragmentados, en su sitio, de manera que tuvieran una oportunidad de soldarse.

Lo único que tenía en mente mi madre era regresar a casa lo más rápidamente posible para poder tomar sus zumos y alimentos crudos, pues sabía de muchos casos en que la curación se había visto muy favorecida gracias a ellos.

Debían regresar a Canadá dos semanas después del accidente. El médico austríaco les dijo que era de locos tan siquiera pensarlo; creía que mi madre no podría soportar el dolor que le acarrearía tanto movimiento. En cambio, mi padre tenía muy claro que debían volver a casa. Finalmente, el médico dio su consentimiento. Mi madre consiguió realizar muy bien el viaje, gracias a la maravillosa salud de que gozaba por haber estado siguiendo el programa del doctor Walker durante diez años.

Tan pronto como llegó a casa empezó el aluvión de zumos: 120 ml de zumo de hierba de trigo tres veces al día, zumo de zanahoria e incontables tazas de té de consuelda, de la que aprovechaba tanto las raíces como las hojas. También se ayudó de la vitamina C natural, el calcio natural y la vitamina E. Además, ese otoño e invierno disponíamos de una gran cantidad de melocotones, peras, uvas y manzanas, todo ello de cultivo orgánico, para complementar nuestras ensaladas de supermercado. Cada tarde tomaba una mezcla de semillas de girasol y de sésamo, finamente molidas y mezcladas con un poco de miel, más otra taza de té de consuelda.

Estando ya en Canadá, el médico de aquí quiso llevarla enseguida al hospital, porque la herida se estaba gangrenando. Después de una gran labor de persuasión accedió finalmente a que permaneciese en casa, siempre que la situación no empeorara y la lleváramos regularmente al hospital para que le cambiasen los vendajes. Esto era un problema, pero encontramos rápidamente una solución.

Nos habría encantado poder aplicar cataplasmas de consuelda y hierba de trigo en la herida, pero solo con una pequeña hendidura en la escayola para que entrase el aire y se pudiese introducir el extremo de algún pequeño instrumento, esto era imposible.

La situación se mantuvo estable durante unas tres semanas, después de las cuales tuvo lugar una curación destacable desde dentro hacia fuera. Era algo insólito, desde el momento en que no habíamos empleado ningún medicamento milagroso. Los zumos y alimentos vivos habían bastado para proporcionar los elementos necesarios para la curación. La situación siguió mejorando continuamente y las visitas al hospital se hicieron menos frecuentes.

Seis meses más tarde, cuando se le quitó la escayola, las enfermeras se asombraron de no percibir ningún olor, cuando lo normal es que huela cuando se ha llevado una escayola tanto tiempo. Las radiografías mostraron que el hueso pequeño se había soldado, pero no así el grande, de modo que hubo que volver a poner otra escayola. El médico estaba bastante seguro de que eso no se podría arreglar y de que haría falta llevar a cabo injertos tanto de hueso como de carne, puesto que la fractura era muy irregular y la superficie por curar muy grande, y además se había perdido mucha médula ósea.

Ese doctor acostumbraba a decirles a las enfermeras, jocosamente, que mi madre era «la señora que esperaba que Dios y las verduras la curaran», pero cuando le quitaron la escayola dos meses más tarde y ambos huesos mostraron estar totalmente soldados, fue el más sorprendido de los testigos. Hoy, veintiún meses después del accidente, la carne sigue llenando la cicatriz de manera constante. Primero había, literalmente, solo piel sobre el hueso. Ahora mi madre camina sin la ayuda del bastón, acude a nuestra tienda cada día y va de compras. ¡Gracias a Dios y al programa del doctor Walker!

COSAS PARA TENER EN CUENTA
Sé paciente

Cuando se trata de que el cuerpo se reconstruya o regenere por medios naturales, es muy importante recordar que los alimentos tomados en forma de zumos vegetales van a llevar a cabo un proceso de depuración general de todo el organismo. Esto puede venir acompañado de un período de dolores o molestias en las zonas del cuerpo en las que esté produciéndose esta limpieza. Uno puede experimentar también mareos ocasionales. No deberíamos pensar ni por un momento que los zumos nos puedan estar enfermando, si son frescos y se consumen en el mismo día en que se hacen. Al contrario, deberíamos darnos cuenta de que el proceso de limpieza y curación está siguiendo su curso, y cuanto antes experimentemos estas molestias tras haber tomado muchos zumos tanto mejor, porque estaremos más cerca de haberlas superado. Cuantos más zumos consumamos, más rápida será la recuperación. Si tenemos dudas, lo mejor es consultar a un médico cuya práctica incluya una comprensión de la terapia de zumos. A menos que el médico haya consumido los zumos sistemáticamente, no podemos esperar, como es lógico, que sepa mucho sobre sus efectos. Menospreciar los zumos vegetales frescos y crudos o acusarlos de causar cualquier tipo de daño, sobre todo en el caso del zumo de zanahoria, es dar muestras de una falta de conocimientos censurable.

¡Sé tolerante y compasivo!

Hay escritores de noticias cómicas que han anunciado que el zumo de zanahoria volverá tu piel amarilla. Cualquiera que se crea esta tontería ignora el funcionamiento del cuerpo humano. Es tan absurdo esperar que el pigmento de la zanahoria traspase la piel como lo es esperar que lo hagan el rojo de la remolacha o el verde de la espinaca. Siempre que, después de beber zumos, la piel muestre un tono amarillento o amarronado, ello será indicativo de que el hígado está eliminando bilis vieja y otros materiales de desecho en cantidades mayores de las que los órganos evacuadores pueden manejar, de tal manera que parte de la eliminación tiene lugar a través de los poros de la piel, lo cual es perfectamente normal. Esto también puede ocurrir si el cuerpo está intoxicado. A base de seguir con el consumo de los zumos vegetales, sin embargo, la decoloración acaba por desaparecer.

Hay ocasiones en las que, por exceso de trabajo o demasiado ejercicio y falta de sueño, la decoloración puede hacer acto de presencia, aunque sintamos que nuestro cuerpo está muy en forma. Tras haber descansado, esta decoloración generalmente desaparece, más pronto o más tarde.

En cualquier caso, una vez que nuestro cuerpo se ha visto regenerado por el consumo continuado y regular de alimentos crudos naturales y de zumos de verduras y frutas frescas y crudas, y se ha visto libre de desechos y obstáculos, tenemos tal superabundancia de salud, energía y vitalidad que las críticas de las personas desinformadas ya no nos afectan.

Mantén una buena higiene

La adecuada limpieza y esterilización de los aparatos con los que preparamos los zumos, así como de todos los utensilios e instalaciones, es de una importancia capital. Estas medidas no solo hay que aplicarlas a las máquinas industriales; tenemos que hacerlo también con nuestros aparatos domésticos: los zumos vegetales crudos son extremadamente perecederos y hay que adoptar todas las medidas posibles para elaborarlos de manera higiénica.

En primer lugar conviene enjuagar el equipo con agua fría y acto seguido esterilizarlo por completo con agua hirviendo. Lo más preferible es hacerlo inmediatamente después de utilizar los aparatos. En caso de que no los limpies justo después de utilizarlos y tengas que limpiarlos justo antes de usarlos de nuevo, es imperativo que el procedimiento descrito sea seguido de un enfriamiento de los aparatos (por medio de agua fría) antes de emplearlos de nuevo.

A veces los zumos se estropearán, a pesar de que hayamos llevado a cabo la esterilización más meticulosa. Esto puede deberse al hecho de que uno o más de los vegetales estaba deteriorado, lo que afectó a toda la partida. Es, por lo tanto, de extrema importancia limpiar completamente los vegetales y quitarles cualquier parte que esté marchita, blanda o en mal estado.

Para desintoxicar[2]

Una limpieza suprema es el primer paso hacia un cuerpo saludable. Cualquier acumulación o retención de materia mórbida, o de desechos de cualquier clase, en nuestro interior retrasará nuestro avance hacia la recuperación.

Los canales de evacuación natural son los pulmones, los poros de la piel, los riñones y los intestinos.

La transpiración es la acción de las glándulas sudoríparas de expulsar toxinas que serían perjudiciales para nosotros si las retuviéramos en el cuerpo. Los riñones excretan los productos finales de la comida y los residuos corporales procedentes del hígado. Los intestinos también eliminan los residuos alimentarios y materiales de desecho en forma de células y tejidos gastados, que son el resultado de nuestras actividades físicas y mentales. Si estos residuos no se eliminaran, tendría lugar una putrefacción proteica, que daría lugar a una toxemia o acidosis.

---

2. Nota del editor americano: las ediciones previas de este libro (en inglés) incluían un régimen alimenticio para la desintoxicación del cuerpo. Tres productos que se mencionaban en él, el agua de Pluto, las sales de Glauber y los polvos de Seidlitz, ya no están comercialmente disponibles. Por consiguiente, sugerimos al lector que contacte con un terapeuta del colon autorizado, un médico naturópata o un quiropráctico antes de llevar a cabo una serie de irrigaciones del colon. Además, la mayor parte de las tiendas de alimentos naturales disponen de uno o más productos que son de ayuda para la depuración del cuerpo (consulta el libro *La salud del colon* [Ed. Obelisco], del doctor Walker, para una información más detallada).

La retención de todos estos residuos corporales tiene un efecto sobre nuestra salud mucho más perjudicial de lo que en general se sospecha, y su eliminación es uno de los primeros pasos hacia una mejora perceptible.

ZUMOS DE VERDURAS Y FRUTAS CRUDAS: SUS USOS TERAPÉUTICOS EN DOLENCIAS ESPECÍFICAS

En el caso de niños y adolescentes, consumirlos en proporciones razonables

Para facilitar la descripción de los zumos que se han mostrado más eficaces con las dolencias que expondré en esta parte del libro, he elaborado una lista con las distintas combinaciones. Los números indicados en cada dolencia corresponderán a los números de las fórmulas de la lista de combinaciones de zumos que habré ofrecido justo antes.

En el caso de los adultos, se ha consumido al menos medio litro diario[1] de una o más de las combinaciones indicadas durante un período de varias semanas para obtener resultados perceptibles.

He ordenado los zumos para cada dolencia en función de su eficacia según mi experiencia. Resalto en negrita los que han demostrado ser esenciales, mientras que los otros

---

1. N. del T.: 480 mililitros, para ser exactos. En el original inglés las medidas se expresan en onzas y la conversión da exactamente 480. Para facilitar la lectura se ha redondeado en medio litro.

también han resultado eficaces. Cuando ha sido posible, se ha tomado diariamente al menos medio litro de cada combinación cuyo número de fórmula se indica en negrita. Por ejemplo, en el caso de la artritis, al menos medio litro de la fórmula número 22 (pomelo), otro medio de la número 61 (zanahoria y espinacas combinadas), al menos medio litro del número 6 (zumo de apio) y al menos otro medio del número 37 (zanahoria y apio combinados). Esto significa un total de casi dos litros diarios, que normalmente dieron lugar a resultados perceptibles en un plazo de tiempo razonable. La suma de medio litro de la fórmula número 30 (zanahoria, remolacha y pepino combinados) también mostró ser muy beneficiosa. Estos zumos fueron consumidos a lo largo del día, con intervalos de una o dos horas entre cada combinación.

Tenemos que recordar que al combinar una o más clases distintas de zumos cambiamos la composición química de cada zumo individual, de modo que el efecto de la combinación será totalmente diferente del de cada zumo si lo tomamos separada e individualmente; y es gracias al conocimiento de las combinaciones adecuadas como hemos sido capaces de obtener resultados que parecen increíbles a quienes no han gozado de esta experiencia.

A la hora de seleccionar los zumos y sus combinaciones que han demostrado ser más beneficiosos para una enfermedad o problema específicos, es necesario estudiar la causa subyacente y abordarla con el fin de eliminar su manifestación.

En el caso de la artritis, por ejemplo, para la cual he dado las distintas fórmulas que han demostrado ser más beneficiosas, se ha visto que normalmente tiene su origen en resentimientos largamente conservados y en la acumulación de depósitos inorgánicos de calcio en los cartílagos de las articulaciones.

Puesto que el cartílago afectado ejerce una atracción magnética hacia los átomos de calcio inorgánico, la sangre los deposita en partes específicas de la anatomía, como sucede en las hemorroides. En la artritis, estos depósitos solidifican el cartílago y los ligamentos, mientras que las hemorroides forman una fibrina de sangre coagulada. En ambos casos, el consumo de alimentos que contienen estos átomos de calcio inorgánico no ofrece indicios que permitan sospechar en lo más mínimo lo que puede llegar a tener lugar con el tiempo.

Una vez que un depósito artrítico ha arraigado, se vuelve cada vez más amenazador, hasta que puede tener lugar una distorsión del hueso. El agrandamiento de las articulaciones es normalmente la primera manifestación, después de episodios ocasionales de intenso dolor, a intervalos más o menos largos. Una vez que se han establecido estas incrustaciones, cada vez se acumula más calcio de forma progresiva.

Uno de los elementos de los que nos podemos ayudar para disolver este calcio inorgánico incrustado se ha encontrado en el pomelo, y es su contenido en ácido salicílico orgánico. De modo que medio litro de zumo de pomelo fresco, o más, ayuda a disolver esta acumulación de material intruso. El zumo enlatado normalmente ha demostrado ser también útil para este propósito.

El aceite de gaulteria tiene éteres muy penetrantes y contiene un alto porcentaje de ácido salicílico. A menudo se usa externamente para ayudar a aliviar el dolor que normalmente sigue a la limpieza y regeneración del cartílago y las articulaciones.

De todos modos, la disolución del calcio inorgánico es solo el primer paso en el proceso de regeneración. Resulta muy difícil reconocer los resentimientos y desvanecerlos, pero este es el primer paso que es necesario dar con el fin de ayudar a mejorar la situación. Además, el calcio desprendido tiene que ser expulsado del cuerpo. Con este fin, debemos beber medio litro de zumo de apio al día. A causa de su muy alto contenido en sodio, este zumo ayuda más o menos a mantener el calcio diluido. La sangre y la linfa llevan este material de desecho al colon, y para facilitar el trabajo de este órgano hemos de ingerir medio litro de zumo de zanahoria y espinacas. Esta combinación sirve para nutrir los nervios y músculos de los intestinos grueso y delgado.

Medio litro diario de zumo de zanahoria y apio ayuda a reconstruir y regenerar el cartílago y las articulaciones, que con el tiempo podrán recuperar su estado normal.

Este proceso a menudo es doloroso —más en unos momentos que en otros—, pero he visto pasar por él a muchas personas que, con el tiempo, llegan a mostrarse más activas que nunca. Requiere fuerza de voluntad y la colaboración de todas las personas interesadas en el bienestar de la víctima, pero los resultados han demostrado que vale la pena.

Vacunas, medicamentos, calor, electricidad y una variedad de curas tanto ortodoxas como alternativas se han demostrado inútiles como remedios. La eliminación del dolor no cura la causa.

Si el cuerpo humano está sufriendo como resultado de la transgresión de las leyes fundamentales que rigen su nutrición, eliminar los residuos y desechos del organismo y alimentarlo con los átomos orgánicos vitales de verduras y frutas frescas y crudas no puede sino ayudar a restablecer por lo menos algo de la energía y la vitalidad perdidas.

Cuando esta nutrición se ha incorporado bajo la forma de zumos frescos y crudos correctamente extraídos, los resultados se han manifestado más rápidamente, una vez que los resentimientos han sido erradicados de la consciencia.

LAS FÓRMULAS

Las siguientes fórmulas se ofrecen totalmente por cortesía del Laboratorio Norwalk de Química Nutricional e Investigación Científica para ser usadas con un equipo especial de elaboración de zumos vegetales. Son el resultado de la cara y laboriosa investigación que ha llevado a cabo este laboratorio sobre la terapia basada en zumos vegetales crudos.

Es esencial tener en cuenta que se han obtenido resultados satisfactorios con el uso de estas combinaciones de zumos hechos con una trituradora eléctrica más una prensa hidráulica. Este equipo ha demostrado extraer las vitaminas, minerales y otros elementos vitales de las frutas y verduras y conservar las enzimas más completamente que ningún otro método.

Con el uso de cualquier otro extractor de zumo ha sido necesario aumentar considerablemente la cantidad indicada. Aunque cualquier zumo, mientras sea fresco y crudo, es mejor que ninguno.

Pertenecemos al reino siguiente, en evolución, al animal. Tenemos libre albedrío y la capacidad de usarlo y desarrollarlo. Si el hombre persevera en su transgresión de las leyes de la naturaleza, la Providencia interviene para salvarlo de la aniquilación, si es posible.

Nuestro principal objetivo y meta en la vida debería ser obtener un conocimiento abundante, vasto, y aprender a aplicarlo inteligentemente. ¿Qué valor tiene la vida, por no decir la longevidad, a menos que vivamos inteligentemente?

Podemos enseñar sabiduría, pero no podemos hacer que los otros la aprendan. Si es tan problemático aprender cómo obtener y conservar la salud, y poner este conocimiento en práctica, la salida más fácil es entonces seguir la línea de menor resistencia y esperar fervientemente que la tumba no esté lejos.

Hayas estudiado o no anatomía y la fisiología de sus funciones, siempre es mejor que acudas a un doctor que haya tenido una experiencia personal con los zumos vegetales crudos para que te examine y puedas hacerle consultas al respecto. Si has estudiado con atención todas las páginas precedentes, tu propia convicción e inteligencia deberían indicarte seguir el curso de la curación natural, que ha sido tan útil a otras personas.

A continuación ofrezco las fórmulas que han demostrado ser sistemáticamente eficaces, cuando han sido usadas en las combinaciones y proporciones indicadas.

N.º	Fruta o verdura	ml
1	Zanahoria	480
2	Zanahoria	210
	Apio	120
	Perejil	60
	Espinaca	90
3	Remolacha y sus hojas	480
4	Col de Bruselas	480
5	Col	480

N.º	Fruta o verdura	ml
6	Apio	480
7	Pepino	480
8	Diente de león	480
9	Achicoria	480
10	Pimiento verde	480
11	Limón	120
	Rábano picante molido pero no prensado	

N.º	Fruta o verdura	ml
12	Lechuga	480
13	Perejil	480
14	Rábano y sus hojas	480
15	Espinaca	480
16	Judía verde	480
17	Nabo y sus hojas	480
18	Berro	480
19	Alfalfa	480
20	Manzana	480
21	Coco	480
22	Pomelo	480
23	Limón	480
24	Naranja	480
25	Granada	480
26	Zanahoria	390
	Remolacha Nota: usar las hojas y las raíces de la remolacha	90
27	Zanahoria	210
	Manzana	180
	Remolacha	90
28	Zanahoria	240
	Remolacha	90
	Apio	150
29	Zanahoria	330
	Remolacha	90
	Coco	60
30	Zanahoria	300
	Remolacha	90
	Pepino	90
31	Zanahoria	270
	Remolacha	90
	Lechuga	120
32	Zanahoria	210
	Remolacha	90
	Lechuga	120
	Nabo	60

N.º	Fruta o verdura	ml
33	Zanahoria	300
	Remolacha	90
	Espinaca	90
34	Zanahoria	330
	Col	150
35	Zanahoria	210
	Col	120
	Apio	150
36	Zanahoria	240
	Col	120
	Lechuga	120
37	Zanahoria	270
	Apio Nota: si se usan también las hojas del apio, cambiar la proporción a 300 de zanahoria y 180 de apio	210
38	Zanahoria	270
	Apio	150
	Escarola	60
39	Zanahoria	210
	Apio	150
	Lechuga	120
40	Zanahoria	270
	Apio	150
	Perejil	60
41	Zanahoria	240
	Apio	150
	Rábano	90
42	Zanahoria	210
	Apio	150
	Espinaca	120
43	Zanahoria	240
	Apio	180
	Nabo	60
44	Zanahoria	360
	Pepino	120
45	Zanahoria	360
	Diente de león	120

N.º	Fruta o verdura	ml
46	Zanahoria	270
	Diente de león	90
	Lechuga	120
47	Zanahoria	300
	Diente de león	90
	Espinaca	90
48	Zanahoria	330
	Diente de león	90
	Nabo	60
49	Zanahoria	390
	Escarola	90
50	Zanahoria	210
	Apio	150
	Escarola	60
	Perejil	60
51	Zanahoria	360
	Pimiento verde	120
52	Zanahoria	300
	Lechuga	180
53	Zanahoria	270
	Lechuga	120
	Alfalfa	90
54	Zanahoria	210
	Lechuga	150
	Pepino	120
55	Zanahoria	240
	Lechuga	150
	Espinaca	90
56	Zanahoria	270
	Lechuga	120
	Judía verde	90
57	Zanahoria	180
	Lechuga	120
	Judía verde	90
	Col de Bruselas	90
58	Zanahoria	300
	Lechuga	120
	Nabo	60

N.º	Fruta o verdura	ml
59	Zanahoria	360
	Perejil	120
60	Zanahoria	330
	Rábano	150
61	Zanahoria	300
	Espinaca	180
62	Zanahoria	240
	Espinaca	120
	Nabo	60
	Berro	60
63	Zanahoria	360
	Nabo	120
64	Zanahoria	300
	Nabo	90
	Berro	90
65	Zanahoria	360
	Berro	120
66	Zanahoria	360
	Alfalfa	120
67	Zanahoria	270
	Manzana	210
68	Zanahoria	270
	Hinojo	210
69	Zanahoria	390
	Coco	90
70	Pomelo	180
	Limón	90
	Naranja	210
71	Zanahoria	330
	Naranja	150
72	Zanahoria	330
	Granada	150
73	Zanahoria	270
	Remolacha	90
	Granada	120
74	Zanahoria	210
	Lechuga	150
	Granada	120

N.º	Fruta o verdura	ml
75	Col	150
	Apio	330
76	Apio	240
	Pepino	90
	Perejil	60
	Espinaca	90
77	Apio	300
	Pepino	120
	Nabo	60
78	Apio	240
	Diente de león	120
	Espinaca	120
79	Apio	330
	Escarola	90
	Perejil	60
80	Apio	210
	Lechuga	150
	Espinaca	120

N.º	Fruta o verdura	ml
81	Apio	300
	Espinaca	120
	Perejil	60
82	Apio	360
	Judía verde	120
83	Col de Bruselas	210
	Judía verde	270
84	Zanahoria	180
	Col de Bruselas	150
	Judía verde	150
85	Zanahoria	240
	Rábano	120
	Lechuga	120
86	Zanahoria	240
	Rábano	120
	Berro	120
87	Zanahoria	180
	Chirivía	120
	Patata	120
	Berro	60

NOTA: usa las hojas y las raíces de la remolacha, el diente de león, el rábano y el nabo. A la hora de preparar las zanahorias, corta la cabeza un centímetro por debajo del aro donde empiezan los tallos verdes y elimina la cola. Para quitar aerosoles, etc., limpia totalmente los vegetales con mucha agua fría corriente, y utiliza un cepillo duro cuando sea necesario.

DISTINTAS DOLENCIAS Y SUS FÓRMULAS

NOTA: *ciertas leyes vigentes exigen que las enfermedades contagiosas e infecciosas sean diagnosticadas y tratadas bajo la dirección de un médico.*

Las siguientes dolencias y sus correspondientes fórmulas se ofrecen aquí como una guía para los profesionales de la salud y para su información general. Aunque se basan en la experiencia, no pretendo que se usen como prescripciones. Estas fórmulas son el resultado de la exhaustiva investigación llevada a cabo por este autor en colaboración con R. D. Pope, doctor en medicina.

Siempre que sea posible, busca un médico que esté familiarizado con los beneficios derivados de las irrigaciones del colon y con la dieta crudívora que incluye los zumos de verduras y frutas frescas y crudas, en vez de ser partidario de los medicamentos, los sueros y los «pinchazos».

La lista detallada de las fórmulas indicadas aparece en las páginas inmediatamente precedentes.

Los números de fórmulas indicados en negrita son los que han demostrado ser esenciales en aras de los mejores resultados. Las fórmulas que no están en negrita también han demostrado ser efectivas.

ACIDEZ ESTOMACAL

Ver «pirosis».

ACIDOSIS - **61, 30**

Es indicativa de que el cuerpo está intoxicado, normalmente como resultado de la retención de materiales de desecho o corrompidos en el colon. Esta es la consecuencia natural de haber seguido una dieta ortodoxa consistente principalmente en almidones concentrados, azúcares y carne. El uso de bicarbonato de soda para mitigar la acidosis es imprudente y miope, puesto que este material inorgánico puede, con el tiempo, alojarse en el cerebro y dañarlo; entonces puede manifestarse como una media luna de color gris plateado en la parte superior del iris del ojo. Para ayudar a corregir la acidosis, lee el apartado dedicado al zumo de espinacas (en la página 65). La acidosis también puede ser el resultado de perturbaciones mentales como resentimientos, preocupaciones, ira, miedo, celos, frustración, etc. El primer prerrequisito para ayudar a resolver la acidosis es cultivar una mente plácida y aprender a relajarse.

ACNÉ, ESPINILLAS, ETC. - 61, 1, 55

Son impurezas del cuerpo que intentan eliminarse a través de la piel. Es una de las manifestaciones de la acidosis. Deberíamos evitar utilizar pomadas y ungüentos, medicamentos de cualquier tipo o rayos X, y usar en vez de ello métodos naturales para erradicar la causa.

ADENOIDES - 61, 1

Inflamación o agrandamiento del tejido de la faringe, las amígdalas o las adenoides, a causa de la presencia de excesiva mucosidad en el organismo y material de desecho en el intestino grueso, como consecuencia de beber leche de vaca y comer demasiados alimentos almidonados y azucarados.

AFONÍA - 61, 1, 48, 53

Pérdida de la potencia de la articulación en el habla.

ALBUMINURIA - 61, 30, 29, 1, 40, 59

Albúmina presente en la orina.

ALERGIA - 61, 30, 1

Es la molestia o irritación física resultante de una excesiva retención de residuos en el organismo cuando se ingieren alimentos que tienen el efecto de agitar o espolear las toxinas del cuerpo. La alergia a las fresas, por ejemplo, significa que esta fruta puede estimular toxinas previamente presentes en el organismo que pasan a manifestarse, a veces, como urticaria.

Almorranas

Ver «hemorroides».

Amigdalitis - 61, 30, 1, 2

Es consecuencia de la sobrecarga de trabajo de las amígdalas, que da lugar a su inflamación. Las amígdalas son la primera línea de defensa, y su función es controlar la entrada en el organismo de un ejército de gérmenes demasiado grande cuando los materiales de desecho del cuerpo se acumulan con demasiada rapidez. Extraer las amígdalas es análogo a la castración. También afecta a la personalidad; a menudo transforma al niño o adulto en alguien impotente y da a la mujer un carácter desaliñado y frígido. Asimismo se ha observado una rápida degeneración de la estructura corporal. Todo esto no me lo invento; consulta el informe de los doctores I. y G. Calderoli, de Bérgamo (Italia), titulado «Il Sottosesso nei popoli seza tonsille», después de haber recopilado más de treinta mil casos en el contexto de su labor en la Universidad de Berlín y en la de Viena. He realizado consultas personalmente con el doctor Calderoli y puedo dar fe de la precisión de sus informes. Sus colaboradores fueron, entre otros, los doctores Passow, Killian, Halle, Jansen, Albrecht, Gutzman, Hofer, Piehler y Marschik.

Anemia - 61, 68, 30, 2, 28, 85, 25, 46, 55, 29, 31, 48

Insuficiencia de glóbulos rojos o de la materia colorante roja de la sangre, causada por la costumbre sostenida de ingerir alimentos cuyo calcio y otros átomos han sido desvitalizados, tales como productos envasados, almidones y leche pasteurizada. El consumo de extracto de hígado, por vía bucal o por inyección, fue una vez considerado una cura; pero a causa del daño que estos extractos producían a los riñones muchos desarrollaron, antes o después, una nefritis degenerativa.

ANGINA DE PECHO - 61, 2, 30

Problema cardíaco valvular o muscular resultado de impurezas en el torrente sanguíneo, pero que a menudo es consecuencia de la presión que ejerce el gas acumulado en el colon.

ANGINAS - 61, 30, 2, 1

Inflamación de la garganta debida a la presencia de excesivos residuos corporales y alimentarios en el organismo. Cuando se forma un absceso, es la concentración de materiales de desecho en la zona de las amígdalas.

APENDICITIS - 1, 2, 30, 61

Inflamación del apéndice como resultado de la excesiva acumulación y retención de materiales de desecho en el colon. El apéndice es una glándula cuya secreción tiene la finalidad de neutralizar la excesiva putrefacción y la acción patógena de las bacterias del intestino grueso, lo cual podría tener una repercusión nociva sobre el intestino delgado. Con el fin de evitar una operación quirúrgica innecesaria, se han obtenido resultados satisfactorios por medio de irrigaciones del colon, si están al alcance, o si no enemas, a intervalos de entre quince y treinta minutos, hasta que la eliminación de los residuos acabe con el dolor y el peligro. Visita a un doctor que reconozca el valor protector de esta glándula con la que nos ha dotado la naturaleza.

APOPLEJÍA - 61, 62, 2, 28, 39

Accidente cerebrovascular cuya consecuencia es una parálisis cerebral de mayor o menor alcance. Es el resultado de la fuerza de la presión sanguínea en el cerebro, causada por las impurezas presentes en los vasos sanguíneos. Un ejemplo de estas impurezas puede ser el calcio inorgánico resultante de ingerir demasiados almidones y alimentos ricos en calcio inorgánico a lo largo de los años. Las retenciones en el intestino grueso, con la consiguiente absorción de toxinas de esos residuos, han demostrado ser una de las causas concomitantes. Hacerse enemas constantes, a diario, junto con una dieta crudívora estricta, que incluya al menos dos litros de zumos al día, ha demostrado ser de un valor inestimable.

ARENILLA - 30, 40, 59, 23 (en un vaso de agua caliente)

Materia inorgánica, principalmente procedente del calcio del pan y de otros almidones concentrados, que forma secreciones granulares en los riñones.

ARTERIOSCLEROSIS Y OTROS PROBLEMAS ARTERIALES - 61, 2, 80, 28, 55

La arteriosclerosis es el resultado de la insuficiencia de calcio orgánico o vital en la dieta, junto con un exceso de calcio inorgánico, lo que hace que los vasos sanguíneos pierdan elasticidad y que la sangre se coagule en las venas. Los depósitos de calcio inorgánico convierten las paredes elásticas de los vasos sanguíneos en conductos sólidos. La naturaleza puede poner remedio a esta situación, pero solo con la máxima colaboración por parte de la víctima.

ARTRITIS - 22, 61, 6, 37, 30

Depósitos de calcio inorgánico en el cartílago de las articulaciones como resultado de comer demasiados hidratos de carbono concentrados (consulta el comienzo de este capítulo. También se habla del calcio en el apartado dedicado al zumo de zanahoria, remolacha y pepino, en la página 95).

ASMA - 61, 11, 37, 60, 41

Dificultad extrema al respirar debido a una acumulación estentórea en los bronquios. Las víctimas del asma que han seguido los principios de la naturaleza no han tenido dificultad en liberarse de este castigo, que es el resultado de comer y beber alimentos que producen mucosidad. Una vez que uno se haya liberado completamente del asma puede hacer que este regrese con facilidad, si lo desea, comiendo mucho pan blanco y productos lácteos, y bebiendo mucha leche de vaca. De hecho, casi todo tipo de hidratos de carbono concentrados y productos lácteos –quesos, etc.– invitarán a este enemigo a regresar. Los test de alergias, panaceas medicinales, análisis de sangre y de esputo e investigaciones medioambientales son, por norma, muy efectivos... a la hora de empeorar las cosas. La causa del asma es la mucosidad (lee el apartado dedicado a la salsa de rábano picante, en la página 100).

ASTIGMATISMO - 1, 61, 30, 50

Disfunción de la vista debida al estado imperfecto del ojo como resultado de la falta de átomos orgánicos o vitales en la nutrición del sistema óptico, acentuada por la presencia de materiales de desecho en los órganos y glándulas que afectan directamente a los ojos. El hígado, la vesícula biliar, el páncreas, la tiroides y el colon son las glándulas y órganos cuyo funcionamiento deficiente es un factor que contribuye directamente a cualquier disfunción del sistema óptico.

BILIOSIDAD - 61, 30, 40

Es el resultado de una digestión incompleta de las grasas y una fermentación excesiva en el organismo, que da lugar a una secreción y un flujo inadecuados de bilis. Los licores alcohólicos, incluida la cerveza, que son degeneradores del hígado, tienen la tendencia a desorganizar crónicamente las funciones digestivas. Los alimentos fritos y grasos son la causa más frecuente de la biliosidad.

BOCIO - 61, 59, 2 (más ¼ de cucharadita de *kelp*, lechuga de mar o *dulse* en polvo).

Agrandamiento de la glándula tiroides debido a la falta de yodo orgánico en la dieta. El uso de yodo químico y de yoduro de potasio químicamente preparado es perjudicial para el organismo, porque ambos son inorgánicos, y tarde o temprano pueden dar lugar a depósitos que posiblemente dañen los tejidos corporales. El mejor yodo orgánico se encuentra en el *dulse*, la lechuga de mar y el *kelp* (lee el apartado dedicado al *dulse* y el *kelp*, en la página 110).

BOTULISMO - 15, 66

Es la intoxicación alimentaria resultante del veneno mortal del gas que desprende la bacteria *Clostridium botulinum* mientras es arrullada lentamente por el calor, como cuando una mofeta suelta un líquido bien conocido si se la molesta demasiado. Es un veneno mortal presente con frecuencia en los alimentos enlatados cuando un calor insuficiente no lo ha destruido totalmente. También es probable que esté presente en embutidos, carne y pastas de pescado. Si eres víctima de esta intoxicación, llama a tu médico y avisa a la funeraria. Los zumos de vegetales frescos y crudos son alimentos vivos pensados para gente viva.

Bronquitis - **61**, **45**, **11**, **30**, 1, 37, 60, 41

Inflamación de los bronquios debida a un exceso de mucosidad en el organismo. Es uno de los medios que emplea la naturaleza para advertirnos de la acumulación excesiva de residuos en el cuerpo; cuando esta advertencia es ignorada, la naturaleza puede aumentar la temperatura corporal hasta la fiebre para quemar estos residuos. Si seguimos desatendiendo esta advertencia y continuamos sin limpiar el interior de nuestro cuerpo lo suficientemente a fondo, la naturaleza nos proporcionará gérmenes y bacterias para que lleven a cabo la recogida de la basura, lo cual puede acabar en molestias aún mayores, como un resfriado, una gripe o una pulmonía. Ha sido muy interesante observar cómo las víctimas de estas afecciones se han recuperado muy rápidamente tras haberse hecho las suficientes irrigaciones del colon y enemas.

Brucelosis - 61, 30, 20, 22, 23

Es una de las maneras que tiene la naturaleza de quemar o incinerar residuos presentes en el organismo. En este caso el germen, que descompone los materiales de desecho de manera activa, actúa como un fogonero

—metafóricamente hablando— que eleva la temperatura del cuerpo a intervalos, y a veces de forma continua. ¡Sin residuos no hay fiebre! Los gérmenes de la brucelosis o fiebre de Malta prosperan en la leche pasteurizada.

BURSITIS - **86, 30, 61**

Es el resultado del agotamiento del líquido sinovial, un fluido que lubrica las articulaciones. El consumo diario de aguacate ha sido de ayuda a la hora de restablecer la normalidad.

CABELLO - **53, 66**

Lee el apartado dedicado al zumo de alfalfa, en la página 44.

CABEZA, **dolor de - 61, 2, 30**, 55, 15

Una más entre las más de doscientas maneras que tiene el organismo de manifestar que está saturado de materiales de desecho. La naturaleza nos está advirtiendo de que le proporcionemos al cuerpo una limpieza completa, con lo que restableceremos el equilibrio de la sangre y aliviaremos su excesiva presión en la cabeza.

CALAMBRES - **61, 30**

Los calambres intestinales son dolores debidos a la presencia de gas como resultado de ingerir alimentos mal combinados. Los calambres musculares se deben generalmente a una retención excesiva de ácido úrico.

CÁLCULOS RENALES **(piedras en los riñones) - 23, 30, 61,** 40, 29, 28, 59 (en un vaso con agua caliente)

Materia inorgánica, principalmente el calcio presente en los almidones concentrados, formando concreciones en los riñones.

Cáncer - 1, 61

Son grupos o nidos de células epiteliales medio muertas de hambre por falta de una alimentación orgánica adecuada, que prosperan en los almidones concentrados y en la carne. Además, se ha visto que uno de los factores concomitantes en el desarrollo del cáncer son los resentimientos prolongados.

Los profanos generalmente experimentan sobrecogimiento, miedo y desconcierto ante el solo pensamiento de esta enfermedad en particular, cuando su causa y progresión es realmente fácil de entender.

Después de la Primera Guerra Mundial, millones de muchachos de las regiones profanadas –huérfanos, sin hogar, sin un techo, sin un destino– vagaban en estado de inanición; era la imagen de una úlcera nacional o internacional convirtiéndose en un cáncer de alcance mundial. Al permitírseles extenderse sin control, sus actividades desembocaban en crímenes y devastación más allá de lo que podría concebir la imaginación más salvaje. Sin embargo, una vez que fueron debidamente alimentados y educados, en relativamente poco tiempo pasaron a ser ciudadanos correctos y válidos.

Con el cuerpo humano ocurre lo mismo. A causa de la carencia de átomos vivos en los alimentos que se toman, lo que afecta sobre todo a la generación actual y a las inmediatamente precedentes, las células del cuerpo, famélicas o casi famélicas, incapaces de funcionar correcta y eficazmente de la manera en que se supone que deberían hacerlo, se rebelan y se desorganizan. No estando completamente muertas, estas células se desprenden de su anclaje (figurativamente hablando) y flotan por ahí hasta que encuentran algún lugar dentro de la anatomía humana en el que pueden agruparse. Puesto que todo el cuerpo está sufriendo, en mayor o menor medida, la carencia de átomos vivos, hay muchas zonas en las que la resistencia protectora es baja.

No debemos llegar a la conclusión de que el cáncer, así como las úlceras, son solo el resultado de imperfecciones físicas. Como he anunciado, estas enfermedades y muchas otras pueden tener su origen, muy probablemente, en resentimientos permanentes, a menudo originados en la infancia, o en el estrés debido a estados de ánimo tales como los celos, el miedo, el odio, la preocupación, la frustración y otros obstáculos negativos intangibles. Esto es lo primero que hay que disolver y desterrar. A menos que los resentimientos sean totalmente disueltos, pueden frustrar los mejores intentos de ayudar al paciente. Sin embargo, no debemos pasar por alto el hecho de que la desnutrición y no conservar el organismo en el nivel de limpieza óptimo, tanto por dentro como por fuera, así como mentalmente, pueden ser también factores que contribuyan a esas enfermedades. A partir de esta premisa y de la experiencia resultante de mis investigaciones, sostengo que la búsqueda de la causa del cáncer no reside en el terreno de la fantástica especulación de experimentos de radio incontrolables, sino más bien en la falta de vida de los átomos de los alimentos que comemos. Por otra parte, la búsqueda de una cura nos lleva, si somos inteligentes, a los principios básicos de la Divinidad: purgar el cuerpo de residuos, de tal manera que la toxicidad que tiene lugar como resultado de dichos residuos no interfiera en los procesos sanadores de la naturaleza; y, simultáneamente, proveer al cuerpo de una cantidad abundante de los átomos más vitales disponibles para la regeneración de las células que permitan a los tejidos, en primer lugar, construir una resistencia contra la degeneración, y, después, proceder a una regeneración constructiva.

Es interesante que la gente de la calle sepa, aunque probablemente esto no reporte beneficios a las fundaciones contra el cáncer y otras por el estilo, que las personas que viven solo a base de alimentos frescos y crudos complementados con suficiente cantidad y variedad de zumos de fruta y verduras frescas y crudas raramente desarrollan cánceres. Por otra parte, la fe manifestada por muchas personas aquejadas de cáncer en el régimen a base de alimentos y zumos crudos parece ser un muy claro indicio de que el zumo de zanahoria fresca y cruda tiene un valor indiscutible a este respecto. Para mí esto es indicativo de una línea de investigación nada ortodoxa pero tal vez muy eficaz y mucho menos costosa. Investigar en esta línea, que ha sido seguida con éxito durante años por quienes han buscado y usado la ayuda de la naturaleza, puede ser muy desconcertante para algunos científicos, pero sin duda puede ser extremadamente beneficiosa para los enfermos.

CARIES - 61, 48, 55, 46, 1

Descomposición debida a la falta de átomos orgánicos, vivos, en los alimentos que nutren los dientes. El consumo excesivo de leche, almidones y azúcares es la causa fundamental de la caries.

CATALEPSIA - 61, 2, 40, 30

Rigidez muscular resultado de no proporcionar a los nervios la nutrición adecuada.

CATARATAS - 61, 50, 1, 40, 30

Películas opacas que flotan sobre el cristalino del ojo a causa de la alimentación inadecuada de los nervios y músculos ópticos. Aunque la cirugía ha proporcionado un beneficio temporal en algunos casos, no hay duda de que la naturaleza puede ofrecer beneficios mayores y más permanentes que incluso el más hábil de los cirujanos, siempre que la persona afectada colabore con todo su corazón. Lee el apartado dedicado al zumo de escarola, en la página 61.

CATARRO - 61, 11, 30, 41, 60

Secreciones abundantes de la membrana mucosa debidas a la incapacidad del cuerpo de asimilar correctamente la leche y los almidones concentrados.

CEGUERA

VER «CATARATAS».

Lee el apartado dedicado al zumo de escarola, en la página 61.

CIÁTICA - 30, 61, 40, 28, 29, 59

Inflamación del nervio ciático o del músculo que lo rodea, normalmente a causa de la presencia de demasiado ácido úrico en el organismo.

CIRROSIS DEL HÍGADO - 1, 61, 30

Es el efecto directo del exceso de trabajo que tiene el hígado como consecuencia de comer demasiados almidones, en particular harina blanca, lo que provoca que los tejidos hepáticos se endurezcan.

Cistitis - 30, 61, 40, 29, 51

Inflamación de la vejiga urinaria. Lee el apartado dedicado a los problemas de vejiga.

Cólicos - 61, 30

Son dolores por gases en las regiones abdominales, normalmente provocados por combinaciones inadecuadas de alimentos y por la retención de materiales de desecho en el organismo. Los bebés criados con alimentos y zumos crudos raramente tienen cólicos. He comprobado que los enemas contribuyen a proporcionar un alivio más o menos instantáneo.

Colitis - 61, 30, 1

Inflamación del colon consecuencia del estreñimiento y del nerviosismo mental u orgánico, el cual, por supuesto, altera los procesos digestivos. La indagación de la causa principal normalmente nos lleva a la falta de una nutrición orgánica viva para el correcto funcionamiento del colon (lee el apartado dedicado al ácido oxálico —en la página 107— y el dedicado al zumo de espinacas —página 65—). Los alimentos cocinados están compuestos de átomos muertos que no pueden alimentar o regenerar ninguna de las células o tejidos corporales. El suero de leche frío ha sido utilizado para aliviar la inflamación de los tejidos del colon en la transición hacia una dieta cruda adecuadamente preparada; pero debemos recordar que toda leche es generadora de mucosidad, de manera que si la utilizamos para una emergencia debe ser consumida sensatamente. Se ha visto que los alimentos cocinados, en vez de ayudar a restablecer la normalidad en el colon, tienen el efecto opuesto. Las zanahorias finamente ralladas, y otras verduras y frutas preparadas de un modo semejante, todo crudo, han sido de mucha ayuda junto con el consumo de una gran cantidad de zumos frescos y crudos, correctamente elaborados. Los aceites minerales, al ser inorgánicos, frustran cualquier intento de mejorar la situación, mientras que los medicamentos son perjudiciales para el organismo. Los enemas han demostrado ser muy beneficiosos. Quienes presentan objeciones a los enemas son normalmente quienes más los necesitan, si bien no se han informado suficientemente sobre la fisiología de la nutrición y la eliminación. El miedo de que creen dependencia está basado en el desconocimiento. La limpieza, ya sea interna o externa, nunca es dañina.

CONJUNTIVITIS - **61, 50, 1, 59**

Inflamación de las membranas del ojo.

CORAZÓN **(problemas cardíacos) - 61**, 2, 30

Estos problemas normalmente son el resultado de suciedad que obstruye los vasos sanguíneos, lo cual a su vez ejerce una tensión excesiva sobre el corazón. Al fin y al cabo, el corazón tiene aproximadamente el tamaño de un puño y pesa solo unos 280 g, pero sin embargo bombea 180 ml de sangre cada vez que se contrae. Esto no parece mucho, pero suma cerca de 19.000 l cada veinticuatro horas, en condiciones normales. Bajo el estrés, no obstante, este volumen puede llegar a ser de más de 94.000 l en veinticuatro horas. Durante una vida sedentaria normal de setenta años el corazón habrá latido unos tres mil millones de veces, a lo que habrá que añadir un 30% más por el estrés y las tensiones que se habrán experimentado durante ese período. Ningún mecanismo hecho por el hombre podría estar funcionando día sí día también sin descomponerse totalmente en muy poco tiempo si no se le dedicasen mejores cuidados de los que le dedicamos a nuestro corazón y al resto de nuestro cuerpo.

La sangre hace pasar por el corazón todo aquello que recoge por el organismo. Así pues, las moléculas de almidón del pan, de la harina y de los productos elaborados con cereales, al no ser solubles en el agua, tienen tendencia a obstaculizar el flujo sanguíneo. En estas condiciones dicho flujo ejerce una excesiva tensión sobre el mecanismo de bombeo del corazón, lo que da lugar a problemas.

Se ha visto que la presión del gas intestinal en la zona del ángulo esplénico en el lado izquierdo del colon transverso es un factor que contribuye a los problemas cardíacos. Mi tabla de relajación de los pies ha ayudado a muchos estudiantes a poder ofrecer una ayuda en estos casos.

Degeneración adiposa - 61, 15, 30, 42

Excesiva formación de células y tejidos grasos alrededor de un órgano.

Demencia - 61, 37, 30, 1, 15, 2, 40, 59

A veces es causada por un trastorno del sistema nervioso mental a causa de la presencia de demasiadas toxinas en el cuerpo y de una nutrición orgánica insuficiente. E incluso con mayor frecuencia el factor que contribuye a ella es una presión mental excesiva que es consecuencia de miedos, resentimientos y perturbaciones similares.

DEPRESIÓN - **61, 7, 2,** 30, 15, 37

Es el resultado de la presencia de toxicidad en el cuerpo y de la desnutrición del sistema nervioso. También de la falta de confianza en uno mismo.

DIABETES - **61, 2, 57, 50, 40, 84, 85**

Es la incapacidad del páncreas de metabolizar los hidratos de carbono debido a la presencia de excesivos almidones y azúcares concentrados en la dieta. Lee lo que explico sobre las inyecciones de insulina en el apartado que dedico al zumo de judías verdes (página 69).

DIARREA - **1, 2**

¡Los intestinos se sueltan! Normalmente lo que ocurre es que la naturaleza está purgando el colon, puesto que tú no lo hiciste cuando debías hacerlo.

DIFTERIA - **61, 2, 40, 30, 47**

Enfermedad que es consecuencia del asentamiento y la propagación, normalmente en la garganta, del germen de la difteria, más frecuentemente después de que se hayan extraído las amígdalas. El terreno alimenticio de este germen es la acumulación de desechos corporales a causa de su inadecuada eliminación del cuerpo y de la presencia de alimentos desvitalizados e imposibles de asimilar que dificultan el flujo sanguíneo. Un cuerpo y un flujo sanguíneo limpios y puros no pueden contener el germen de la difteria. Contaminar un organismo así con el veneno conocido como antitoxinas e inyectar este mismo veneno en un cuerpo que se sospeche que tenga gérmenes de difteria, sin efectuar primero una depuración natural ni utilizar medios preventivos en forma de los alimentos orgánicos adecuados, es dar muestras de una notable falta de comprensión acerca del propósito de los gérmenes en la naturaleza.

DISENTERÍA - 6, 61, 30, 1

Intestinos sueltos como resultado de la acumulación de mucosidad y otros materiales de desecho. Las irrigaciones del colon han sido de mucha ayuda, además de beber dos o tres litros de zumos frescos al día.

DISPEPSIA - 61, 1, 2, 30, 15

Indigestión debida a un exceso de acidez en el tracto digestivo.

DISURIA - 30, 1, 40, 59

Micción dolorosa e incompleta.

ECCEMA - 61, 2, 30, 15

Trastorno inflamatorio de la piel debido a la acidez excesiva de los ganglios linfáticos. Se trata de la eliminación a través de los poros de la piel de materiales de desecho que en realidad deberían pasar por el hígado y los intestinos. Lee el apartado dedicado a los forúnculos.

ELEFANTIASIS - 61, 30, 32, 40

Inflamación y obstrucción de los ganglios linfáticos, normalmente a causa de la presencia de residuos inorgánicos en el organismo.

EMBARAZO - 1, 30, 61, 2, 48, 32, 53

Sin excepción, el período más importante de la vida de la criatura que está por nacer. Cuando la mujer embarazada tiene unos hábitos descontrolados, fuma, toma bebidas alcohólicas y refrescos, así como leche de vaca —sobre todo si ha sido pasteurizada—, y come cantidades excesivas de almidones concentrados, cereales y azúcares, todo ello hará que el niño tienda a padecer carencias minerales. Seguir una dieta diaria regular a base de verduras y frutas crudas, que son alimentos vivos, orgánicos, complementadas con una buena cantidad diaria de zumos vegetales frescos y crudos, da lugar a niños y madres sanos y radiantes. ¡Pruébalo! Lee entero el apartado que dedico al zumo de zanahoria, en la página 89.

ENCEFALITIS - 61, 30, 40, 37

Inflamación del cerebro como resultado de un estado alterado o insalubre del sistema nervioso. Zumo de perejil tres veces al día –por la mañana, al mediodía y por la noche– y practicar reiterados enemas, junto con los zumos indicados en las fórmulas, ha demostrado ser beneficioso.

ENFERMEDAD DE ADDISON - 3, 6, 12, 25, 74, 80 (en el caso de las fórmulas que contengan lechuga, debe utilizarse exclusivamente la lechuga romana).

Es el resultado de la falta de sodio orgánico o vital principalmente, y de un exceso de materiales de desecho en el organismo por regla general, que afecta a las glándulas suprarrenales. La inyección de extractos de glándulas de ganado muerto no puede curar esta enfermedad. En cambio, he observado muchos beneficios a partir de una dieta crudívora alta en sodio y baja en potasio, la cual conviene mantener escrupulosamente. La lechuga romana es especialmente beneficiosa (ver el apartado que dedico al zumo de este vegetal, en la página 74).

ENFERMEDAD DE HODGKIN - 61, 27, 29, 46

Hinchazón de los ganglios linfáticos y las amígdalas directamente asociada con una alteración del bazo, que es el resultado de una dieta deficiente y desequilibrada.

Raramente existe alguna esperanza después de que se haya intentado tratar con rayos X o radio, porque el efecto último de estos está más allá del control del hombre, puesto que son materiales radiactivos. Una serie de irrigaciones del colon, una dieta crudívora estricta convenientemente equilibrada y preparada y los zumos frescos necesarios han dado resultados satisfactorios.

ENFERMEDADES SEXUALES - 61, 30, 2, 15, 40, 29, 28

A veces se deben a una excesiva indulgencia, que conduce a la inflamación, y a una debilitación de los órganos debida a la falta de la suficiente nutrición orgánica, que da como resultado una alteración de las funciones y la presencia de sustancias insanas que invitan a la propagación de los gérmenes y las infecciones.

ENFISEMA - 87

Esta palabra significa 'inflar'. Es una afección derivada de la presencia excesiva de aire o gas en los tejidos, normalmente en los pulmones, o de la presencia de aire o gas en tejidos que normalmente no están en contacto con el aire.

ENURESIS - 30, 40, 29

Incontinencia urinaria, con frecuencia debida a la presencia de cristales de ácido oxálico inorgánico en los riñones o en la vejiga (lee el apartado sobre el ácido oxálico, en la página 107).

ENURESIS INFANTIL - 30

El hábito de la incontinencia urinaria debería desaparecer, en los niños, durante el primer o segundo año. Si persiste, abstente de darle líquidos después de las cuatro de la tarde, por ejemplo, pero que ingiera muchos antes de esa hora. Observa aproximadamente la hora en que tiene lugar el escape de orina, despierta al niño unos diez o veinte minutos antes de esa hora en las noches siguientes y sigue con esta práctica hasta que controle este tema a voluntad. Las espinacas y el ruibarbo cocinados son probablemente los alimentos que más prolongan la enuresis, desde el momento en que los cristales de ácido oxálico inorgánico pueden irritar los riñones, de modo que estos pasan a estar hiperactivos.

Epilepsia - 61, 15, 2, 30, 40

Espasmos nerviosos que a veces se deben a una toxemia excesiva y a que el sistema nervioso pasa hambre. En ocasiones es causada por la presencia de lombrices en el colon. Un ejemplo de ello nos lo ofrece un hombre de veintiséis años. Se hizo irrigaciones del colon a diario, y después de la vigesimoctava salió una masa de lombrices tan grande como un puño. Unas cuantas irrigaciones más acabaron de despejar el terreno de lombrices y el hombre no volvió a experimentar ataques epilépticos. Esto pudo haber sido una coincidencia, pero se han producido muchos más casos.

Erisipela - 61, 2, 30, 40

Es lo mismo que el eccema, pero acompañado de fiebre. Ambos obedecen a la misma causa.

Escarlatina - 30, 61, 68, 47, 66

Es la rebelión del organismo contra la acumulación de residuos alimentarios y corporales como resultado de comer demasiados alimentos cocinados y no suficientes alimentos crudos y zumos.

ESCLEROSIS - **61, 62, 32, 30**

Ver «esclerosis múltiple».

Endurecimiento de cualquier tejido del cuerpo.

ESCLEROSIS MÚLTIPLE - **61, 40, 59, 2, 1**

Estado degenerativo del sistema nervioso debido a la desnutrición de las células nerviosas y cefalorraquídeas. Esta enfermedad ofrece la evidencia más concluyente del efecto destructivo de los almidones y cereales como alimentos para los humanos. Tras cincuenta años de observación, no he visto nunca una mejora permanente siempre que al paciente se le ha permitido comer pan, cereales y otros productos ricos en almidón. En cambio muchas personas han ido mejorando poco a poco al prescindir de estos alimentos, así como de la carne, a la vez que han bebido al menos tres litros de zumos frescos y crudos al día, además de hacerse frecuentes irrigaciones del colon. El mayor peligro en el caso de esta enfermedad proviene de no seguir este programa sistemáticamente; ello podría hacer que surgiesen complicaciones secundarias.

ESCORBUTO - **61**, 15, 2, 30

Es el resultado de una dieta mal equilibrada, que no proporciona la suficiente nutrición orgánica.

ESCRÓFULA - **61, 2**, 15, 40, 30

Formación de pus en las glándulas a causa de la presencia de materia inorgánica en la comida ingerida.

ESPALDA, **dolor de - 61, 30, 1, 2**

Puede tener innumerables causas. Lo más seguro que puede hacerse es visitar a un buen osteópata o quiropráctico que entienda de métodos naturales, además de que conozca los ajustes mecánicos de la columna. Este profesional debería ser capaz de determinar si el dolor de espalda es consecuencia del lumbago, del estreñimiento o de desajustes de la columna vertebral o del cráneo.

ESTERILIDAD - 61, 30, 1, 2, 29, 40, 48

Ocasionalmente se debe a la desorganización funcional del organismo. Por regla general está causada por una falta de átomos orgánicos, vivos, en los alimentos a lo largo de los años, y la consecuente acumulación de residuos en el cuerpo.

ESTREÑIMIENTO - 61, 15, 30, 1

Es un colon lleno de toxinas, lo que conlleva falta de coordinación en las funciones nerviosas y musculares de los intestinos a causa de la presencia de demasiados alimentos desvitalizados en la dieta, lo cual desemboca en la atonía de la acción intestinal. Asegúrate de leer atentamente los apartados dedicados al zumo de espinacas (página 65) y al ácido oxálico (página 107).

FATIGA - 1, 61, 30

Es una señal de que las células del cuerpo no están obteniendo suficientes átomos vivos de la comida para proporcionar el constante flujo de nueva energía necesaria. La fatiga es uno de los precursores de la enfermedad. El efecto acumulativo conlleva la destrucción de células de los tejidos y la consecuente acumulación de residuos en el cuerpo, que, si no se eliminan, serán depurados por los gérmenes y las bacterias. El descanso, el sueño, la limpieza del colon y muchos zumos han demostrado ser el mejor método para superar la fatiga.

Fiebre - 22, 23, 24

Es el nombre ortodoxo que se da a la temperatura corporal que sube por encima de lo normal cuando la naturaleza intenta quemar o incinerar materiales de desecho en el organismo. Si no hay demasiados materiales de desecho y las células corporales son correctamente alimentadas, la fiebre no es necesaria. He comprobado que con el uso de enemas la condición febril se ha aliviado en un lapso de tiempo asombrosamente corto.

Fiebre de malta o fiebre ondulante

Ver «Brucelosis».

Fiebre del heno - 61, 11, 30, 40, 15, 50, 41

Ver «Asma».

Secreciones anormales de mucosidad en los ojos, la nariz y los conductos respiratorios debidas al consumo excesivo de leche, almidones y productos elaborados con los cereales. Es mucho más constructivo evitar las inyecciones hipodérmicas que evitar el aire fresco.

Flebitis - 61, 2, 30

Inflamación de las venas debida a la presencia de cantidades excesivas de almidón, calcio e insalubridad en el organismo.

Forúnculos - 61, 30, 55

Son tumores purulentos causados por impurezas en el torrente sanguíneo que desembocan en una infección bacteriana por medio de las glándulas sudoríparas o los folículos del cabello. El uso de sulfamidas y otros medicamentos puede tener repercusiones peligrosas.

Un forúnculo no es una infección de la piel, sino sencillamente material de desecho que el cuerpo ha sido incapaz de expulsar a través de otros canales de eliminación, sea porque estos estén afectados por la acumulación de residuos, sea porque su actividad haya menguado por falta de una correcta nutrición y cuidado. Cuando el organismo no puede eliminar ciertos residuos a través de los principales órganos de evacuación, invoca la ayuda del sistema de eliminación más grande. Este sistema es la piel y sus poros.

GASTRITIS - 61, 15, 30

Dolor agudo debido a la excesiva formación de gas en el organismo como resultado de la incorrecta combinación de alimentos. Todos los productos basados en la harina, los cereales y el azúcar pueden causar gastritis, y el alcohol puede hacerlo más rápidamente que cualquiera de estos. Los condimentos picantes –pimientos picantes, mostaza, vinagre, etc.– y el tabaco también son responsables de esta afección. Los alimentos crudos, rallados o picados lo más finamente posible, han demostrado repetidamente ser más beneficiosos que los cocinados.

GLÁNDULAS (problemas glandulares)

Todas las glándulas del cuerpo tienen una relación bien definida con el resto de las glándulas o bien las estimulan, o bien las inhiben, o bien ejercen una influencia controladora, de una manera u otra. Lee por favor detenidamente el apartado que dediqué a las glándulas endocrinas, en la página 106. Tienes que entender la influencia que ejercen las glándulas entre sí. Sería estúpido por parte de cualquiera operarse de una glándula sin tener en cuenta el efecto que esto tendría sobre el resto del cuerpo. También sería inteligente aprender cómo alimentar a las glándulas con el fin de que pueda establecerse un equilibrio completo entre ellas. Aprende cuáles son los elementos minerales y químicos que componen las glándulas y los zumos que han mostrado ser más eficaces para nutrirlas.

GONORREA - 61, 15, 30, 40, 76, 59

Resultado de la propagación del germen gonococo debida a las impurezas del torrente sanguíneo y a la presencia de sustancias mórbidas que constituyen la fuente de alimentación de dicho germen, normalmente concentradas en la zona genital. Médicos franceses han comprobado que el aceite de sándalo en cápsulas solubles ha demostrado ser muy beneficioso.

GOTA - 61, 2, 30, 29, 15, 40, 59

Inflamación de los ligamentos de una articulación o hueso, o del revestimiento del hueso, debida al consumo excesivo de alcohol y otros estimulantes. La gota y el reuma son casi hermanos gemelos.

GRANOS

Ver «Forúnculos».

GRIPE - 61, 11, 2, 30, 41, 55

Es causada por la excesiva retención en el organismo de residuos corporales y alimentarios, que conllevan el fomento y la extensión de un medio propicio para unas bacterias patógenas que afectan sobre todo a los conductos respiratorios, lo cual va acompañado de fiebre y postración nerviosa, seguido por una gran debilidad.

HALITOSIS - 61

Esta palabra significa «mal aliento». Es el resultado de la retención de residuos alimentarios fermentados y putrefactos en el cuerpo. La caries dental y las denominadas infecciones de los tejidos son meramente coincidentes, pero también son el resultado de esta retención de residuos.

Hemorroides - 62, 61, 2

Consisten en la coagulación de la fibrina de la sangre en las terminaciones de los vasos sanguíneos en la parte inferior del recto como consecuencia de comer demasiado pan y otros productos basados en el almidón y los cereales. Su eliminación por medio de un bisturí o una aguja eléctrica es un excelente deporte de interior para todos excepto para el paciente. Además, si son eliminadas por estos medios es casi inevitable que vuelvan a aparecer tarde o temprano, desde el momento en que la causa, esto es, la presencia de materiales de desecho en el torrente sanguíneo, no ha sido debidamente tratada.

Hernia - 61, 1, 2, 15, 30

Protrusión total o parcial de cualquier órgano interno respecto de su posición normal, debida a la falta de tono de las membranas circundantes.

Hidropesía - 61, 30, 11, 29, 40, 59

Excesiva agua en el organismo debido a la eliminación inadecuada o insuficiente a través de los riñones.

Hígado (problemas hepáticos) - 30, 61, 1, 29, 40, 46

Los problemas del hígado son el resultado de comer demasiados productos desvitalizados: almidones y azúcares concentrados, grasas y carnes. La cerveza, los vinos y los licores son también factores causales de primer orden.

HUESOS, DETERIORO ÓSEO - 61, 48, 55, 46, 1

Descomposición de tejido óseo debida a la presencia excesiva de leche y de almidones y azúcares concentrados en la dieta.

ICTERICIA - 61, 30, 29, 40, 1

Es el resultado de que el hígado, sobrecargado, elimine la excreción de la bilis por medio del flujo linfático, a través de los poros de la piel.

IMPOTENCIA - 15, 1, 30, 27, 40, 31, 59

Capacidad de propagación insuficiente en el acto sexual.

INDIGESTIÓN - 23 (en un vaso de agua caliente), **61, 1, 30, 15**

Es el resultado de la mala digestión de alimentos incompatibles. También de comer bajo el estrés y la tensión de la preocupación, el miedo o la ansiedad.

INSOMNIO - 61, 37, 30, 22

Incapacidad de dormir como consecuencia de la tensión nerviosa o de demasiada acidez en el organismo.

LARINGITIS - 61, 1, 30, 15

Inflamación de la laringe debida a la presencia de materiales mórbidos en el cuerpo.

LEUCEMIA - 1, 26, 48, 53

Incremento excesivamente rápido de los glóbulos blancos, que causa la descomposición de los glóbulos rojos, como consecuencia de la insuficiente presencia de átomos orgánicos en la dieta —por el consumo de demasiados alimentos cocinados, almidones, azúcares y carnes y no suficientes zumos frescos ni verduras y frutas crudas.

LEUCORREA - 61, 11, 30, 2, 40, 41, 60, 59

Formación o acumulación excesiva de mucosidad en los órganos y conductos genitales femeninos.

MALARIA - 61, 11, 1, 30, 41, 15

Es el resultado patológico de una sangre sucia y de una retención excesiva de materia mórbida en el cuerpo en una atmósfera de aire viciado o insano, que posibilita que los parásitos, gérmenes y bacterias crezcan y se propaguen por el organismo. Si este ha sido saturado con quinina, atebrina y otros medicamentos, deberíamos limpiar el colon tan a menudo como sea necesario para liberar al cuerpo de ello.

MAREOS - 30, 61, 2, 1

Son el resultado de la pérdida del equilibrio corporal a causa de la acumulación de materiales de desecho en el organismo.

MASTOIDITIS - 61, 32, 2

Ver «Resfriados».

Es el resultado de acumulaciones de mucosidad en la zona mastoidea del cráneo, detrás de la oreja, lo que causa inflamación. La mejor manera de proveer a nuestro hijo de una buena dosis de mastoiditis es alimentarlo con mucha leche de vaca, sobre todo pasteurizada, y de grandes cantidades de pan blanco, cereales, pasteles y otras comidas elaborados con harina. Se ha comprobado que la mejor manera de prevenir la mastoiditis es evitar estos alimentos. Lee «Otros temas de interés vital», en la página 103.

MENINGITIS - 61, 30, 2, 1

Es la presencia del germen meningococo en el organismo a causa de la acumulación de materiales de desecho, en los que medra este germen. Cuando el cuerpo está sano, muere desnutrido, o entra y sale de él sin afectarlo.

MENOPAUSIA, TRASTORNOS DE LA - 61, 32, 73, 30, 2

Es la consecuencia, en el caso de las mujeres, de haber estado durante media vida (entre cuarenta y cincuenta años) tomando alimentos destructivos que no nutren la sangre ni, de hecho, ninguna parte del organismo, de modo que la sangre pueda regenerarse rápidamente y de un modo constante.

MENSTRUACIÓN, PROBLEMAS DE LA - 61, 59, 30, 68, 2

El estudio del esquema de las glándulas endocrinas puede revelar una o más de las principales causas de las molestias relacionadas con la menstruación (lee el apartado dedicado a las glándulas endocrinas, en la página 106).

MIGRAÑA - 61, 2, 30, 15, 47, 37

Un flujo sanguíneo sucio y la nutrición inadecuada de los centros nerviosos causan un intenso dolor, normalmente en un solo lado de la cabeza, que embota y deprime al individuo.

NEFRITIS - 30, 61, 40, 29, 59

Inflamación de los riñones que normalmente es el resultado de una excesiva retención de ácido (lee el capítulo dedicado a las proteínas en mi libro *Diet & Salad Suggestions*).

NERVIOSISMO - 61, 37, 30, 40, 15

Irritabilidad de algunos centros nerviosos a causa de una insuficiencia de alcalinidad orgánica.

NEUMONÍA - 61, 30, 11, 41

Inflamación de los tejidos pulmonares debida a la presencia de cantidades anormales de mucosidad y otras sustancias mórbidas en el organismo, como resultado de beber leche y del consumo excesivo de almidones y azúcares concentrados.

Neuralgia - **61, 37**, 30, 40

Intenso dolor en la zona de un nervio que ha sido incorrectamente alimentado.

Neurastenia - **61, 37, 2**, 30, 40, 55

Depresión funcional del sistema nervioso debida a una nutrición inadecuada e insuficientemente orgánica y materializada como resultado de una tensión nerviosa, preocupación, ansiedad o exceso de trabajo prolongados.

Neuritis - **23, 30, 61**, 40

Normalmente es el resultado de la presión que ejercen los cristales de ácido úrico contra los músculos y nervios, que causa un dolor intenso. El consumo de carne es una de las causas principales de esta dolencia. La carne genera unas cantidades tan excesivas de ácido úrico que los músculos se saturan de él y acaba formando cristales en ellos.

Obesidad - **61, 1**, 30, 15, 34

Una cantidad excesiva de tejido adiposo resultado de combinaciones incompatibles de alimentos y de comer cantidades excesivas de almidones y azúcares. A veces se debe a algún trastorno glandular (estudia el apartado que dedico a las glándulas endocrinas, en la página 106). Tenemos el siguiente informe interesante sobre el caso del señor Banting, extraído de *Pavy on Food*: tras un año de estar haciendo una dieta libre de alimentos con almidones y grasas, y de prescindir de cualquier bebida alcohólica, incluida la cerveza, el señor Banting perdió dieciocho kilos de peso y treinta centímetros y medio de cintura. Siete años después escribió: «Puedo aseverar con plena conciencia que nunca he vivido tan bien como ahora como resultado de seguir este nuevo plan dietético, el cual en otro tiempo habría considerado una transgresión extravagante en cuanto a mi salud. Estoy considerablemente mejor, tanto física como mentalmente, y contento de creer que tengo las riendas de mi salud y bienestar en mis manos».

Ojos (problemas oculares) - 1, 61, 50

Ver «Cataratas».

Lee el apartado dedicado al zumo de escarola, en la página 61.

Orquitis - 30, 61, 40, 29, 37, 59

Inflamación de los testículos, debida a una retención excesiva de materia mórbida en el organismo, y a veces al abuso del sexo.

Osteomielitis - 1, 61, 48, 30, 43

Ruptura de la estructura del hueso, a menudo acompañada de supuración de pus. El hueso, como cualquier otra parte del cuerpo, requiere una nutrición viva, orgánica. Sin ella las células pasan hambre, los materiales de desecho se acumulan y la estructura se desmorona.

Oxidación - 61, 30, 37, 46, 55

Deficiente asimilación del oxígeno a causa de la carencia de hierro orgánico en el organismo.

Parálisis - 61, 40, 30, 6

Falta del poder de controlar o coordinar los músculos voluntarios e involuntarios, debido a la desnutrición de los centros nerviosos.

Parálisis infantil

Ver «Poliomielitis».

Incapacidad del cuerpo de reponer y regenerar el líquido cefalorraquídeo a causa de una metabolización inadecuada, un exceso de almidones y azúcares desvitalizados y una gran carencia de elementos orgánicos en la dieta.

PARESIA - 61, 2, 40, 30, 6, 47

Incapacidad funcional de los nervios craneales de coordinar, debido a la falta de una nutrición orgánica adecuada.

PERITONITIS - 61, 30, 40, 15

Inflamación del revestimiento de la cavidad abdominal.

PIE DE ATLETA - 61, 30, 1

El banquete de la tiña, especialmente entre los dedos de los pies. Cuando nuestros pies se ven privados de su respiración, acumulan acidez. La tiña es un hospedador excelente, que recogerá huéspedes en todos los sitios que pueda, mientras la acidez de los pies se conserve dentro de sólidos zapatos de piel que eviten la disipación de las toxinas ácidas. Para conseguir desahuciar a la tiña hay que ventilar los pies tanto como sea posible. Las sandalias son cada vez más utilizadas al reconocerse su efecto beneficioso, no solo para los pies, sino también para el conjunto de la anatomía. El tiempo lluvioso, y a menudo la nieve, se han mostrado menos perjudiciales con el uso de las sandalias que con el uso de zapatos y calzado de goma.

PIELITIS - 30, 61, 1, 40, 29, 28, 59

Inflamación en la zona de la pelvis o los riñones generalmente debida a una excesiva retención de ácido úrico en el organismo.

Piorrea - 61, 1, 2, 30

Inflamación de las encías y pérdida de los dientes a causa de la presencia de demasiados materiales de desecho en todo el organismo y de la falta de alimentos vivos, orgánicos, en la dieta.

Pirosis (acidez estomacal) - 30, 61, 29, 40, 59

Intensa sensación de quemazón, debida a la presencia de excesivo ácido úrico y otras sustancias insalubres, resultado de la fermentación y putrefacción de combinaciones inadecuadas de alimentos.

Pleuresía - 30, 61, 40

Inflamación de la pleura debida a una inadecuada eliminación de sustancias mórbidas del cuerpo, normalmente acompañada de fiebre y dolores al respirar.

Poliomielitis - 61, 40, 32, 1, 2

No es una enfermedad tan seria y frecuente como podría hacernos creer la publicidad que se le da. El virus que la causa no puede hallarse en un tejido sano; pero una vez que ha encontrado un medio favorable, lo lógico es matarlo de hambre destruyendo y eliminando del cuerpo todos los materiales de desecho que pueden permitirle sobrevivir. En cualquier caso, la prevención reside en una nutrición adecuada consistente en alimentos orgánicos, vivos, que no hayan sido cocinados o procesados. Es igualmente imperativo devolver el organismo a su estado normal. El uso de medicamentos, inyectados o incorporados al cuerpo de cualquier otro modo, tiende a retrasar el proceso, desde el momento en que impiden que las células y tejidos puedan recibir el alimento que les permita recuperar la salud. La causa original de la poliomielitis puede ser, más que ninguna otra cosa, el consumo de leche pasteurizada, azúcar, almidones, cereales y refrescos carbonatados.

Presión arterial alta

Ver «Tensión arterial alta».

Tensión excesiva de la sangre sobre las arterias causada por una dieta inadecuada.

Presión arterial baja

Ver «Tensión arterial baja».

Prolapso - 61, 2, 30, 40, 15

Es la caída de un órgano desde su posición normal debida a la pérdida de tono del sistema nervioso y muscular como resultado de una dieta inadecuada.

Próstata, problemas de - 23, 30, 61, 1, 85

El resultado de excesos, o de la falta de una alimentación a partir de productos vivos y vitales en los años anteriores.

Psoriasis - 61, 30, 15, 1, 2

Un grupo o colonia de gérmenes que se alimentan de sustancias mórbidas y de los residuos presentes en el organismo que intentan salir del cuerpo a través de la piel, creando una irritación.

Raquitismo - 61, 1, 48, 37, 6, 30, 46

Falta de calcio orgánico y otros elementos que da lugar a deformación, aflojamiento o flexibilización de los huesos.

Resfriado - 61, 11, 30, 41, 60, 23 (en agua caliente)

Es lo mismo que un catarro, pero su manifestación es menos violenta o tenaz. Las irrigaciones del colon o los enemas han demostrado ser muy útiles a la hora de liberar al cuerpo del resfriado. Prevenirlo es sin duda lo más fácil del mundo: una vez que hemos llevado a cabo el arduo y fastidioso proceso de limpiar el cuerpo de mucosidades y otros residuos y hemos pasado a seguir una dieta «libre de mocos», la compuesta por verduras y frutas crudas (ver mi libro *Diet & Salad Suggestions*), más el complemento de abundantes zumos frescos, la causa de los resfriados habrá sido erradicada. Las vacunas, inyecciones hipodérmicas y medicamentos reportan muchos beneficios, pero solo a quienes los administran; de hecho, existe incluso la posibilidad de que algunas de estas personas no sepan que estos fármacos no aportan, en muchas ocasiones, ningún bien último.

Lee de nuevo el apartado titulado «¡Oh! Estás resfriado, ¿verdad?», en la página 103.

Reuma - 23, 30, 61

Carne y productos cárnicos de todas las clases no pueden ser digeridos sin que tenga lugar una acumulación excesiva de ácido úrico en el organismo. (Lee el apartado dedicado al zumo de zanahoria, remolacha y pepino). Retenido en el cuerpo, este ácido úrico es absorbido por los músculos y tarde o temprano cristaliza. Estos afilados cristales de ácido úrico son la causa del dolor en el reuma. (Lee el capítulo dedicado a las proteínas en el libro *Diet & Salad*).

Rinitis - 61, 30, 40, 11

Inflamación de la membrana nasal, debida principalmente a la presencia de cantidades excesivas de mucosidad en las cavidades nasales.

Riñón (problemas renales: exceso de ácido úrico, etc.) - 30, 61, 1, 29, 40, 46

Los problemas renales son el resultado de la eliminación inadecuada e insuficiente de los elementos resultantes de un consumo excesivo de carne. Además, la cerveza, los vinos y los licores son causas de primer orden de los problemas renales.

SARAMPIÓN - 61, 6, 30, 1, 47

Consiste en gérmenes y bacterias que salen del cuerpo a través de la piel. Es uno de los métodos que emplea la naturaleza para efectuar una limpieza general del organismo, particularmente en la infancia.

SARNA - 61, 30, 15, 1

Afección molesta causada por cierto germen que intenta abandonar el cuerpo por los poros de la piel, lo que da lugar a pústulas y a un intenso picor.

SÍFILIS - 61, 30, 66, 62, 51, 46

Es el nombre que se da a la presencia en el cuerpo del germen *Spirochaeta pallida* cuando encuentra en el organismo el adecuado tipo de residuos en los que puede prosperar y propagarse. Estos residuos normalmente son consecuencia de alimentarse de almidones, productos cárnicos y leche pasteurizada.

SINUSITIS - 61, 11, 30, 1

Generalmente se debe a la excesiva mucosidad resultante de un consumo excesivo de leche y también, a menudo, de almidones y azúcares.

SORDERA - 61, 11, 40, 41

Frecuentemente es debida a la presencia de mucosidad en los canales auditivos. A veces viene producida por la presión craneal sobre los nervios y vasos sanguíneos relacionados con el sistema auditivo. Los ajustes craneales, conocidos como craneopatía, a menudo alivian la sordera.

Sueño, falta de - 61, 22, 37, 30

Es el resultado de una excesiva tensión nerviosa y la inadecuada eliminación de residuos del cuerpo.

Tensión arterial alta - 61, 2, 30, 15

Es el resultado de impurezas en los vasos sanguíneos. Las únicas maneras en que las impurezas pueden llegar al torrente sanguíneo son las siguientes: primero, por medio de inyecciones hipodérmicas y medicamentos, ingeridos o incorporados de cualquier otro modo; segundo, por medio de depósitos, en el torrente sanguíneo, de átomos inorgánicos acumulados a partir de alimentos cocinados y procesados, particularmente los almidones y azúcares concentrados, y por último, por retención de los residuos en los órganos y canales de evacuación.

La recurrencia de la tensión arterial alta en las familias no se debe a factores hereditarios, como erróneamente suponen algunos, a menos que consideremos que el estado degenerado del torrente sanguíneo de la madre (debido a la ingesta de alimentos inorgánicos) sea el regalo hereditario que le hace a su hijo. El único factor hereditario es el tipo de comida y la calidad de los alimentos con los que el conjunto de la familia se muestra habitualmente indulgente: si las comidas contienen una proporción excesiva de alimentos cocinados e hidratos de carbono concentrados, es natural que la mayor parte de los miembros de la familia, si no todos, manifiesten carencias nutricionales.

Tensión arterial baja - **61**, **2**, **30**, **1**, 29, 15

Se debe ante todo a las carencias nutricionales resultantes de comer sobre todo o únicamente alimentos cocinados y procesados. Y en cualquier caso se debe, como norma, a la ausencia en la dieta de zumos vegetales frescos y crudos que el cuerpo pueda utilizar rápida y eficazmente para regenerar los glóbulos de la sangre. Otra seria causa concomitante es no descansar lo suficiente. Cada hora de sueño antes de las diez de la noche está mejor aprovechada que dos horas de sueño por la mañana.

Fumar y tomar bebidas alcohólicas son causas muy importantes tanto de tensión alta como de tensión baja.

Tifus - **61**, **30**, 28, 1, 37, 6

Es debido a la falta de ciertos elementos orgánicos en el cuerpo, lo que permite la propagación en su interior de gérmenes que causan, con su presencia, una fiebre mesentérica.

Tos - **11**, **61**, **30**

Ver «Resfriados».

Es el resultado de los intentos del cuerpo de desenganchar la mucosidad de los conductos respiratorios y deshacerse de ella. Las medicinas contra la tos son en general un excelente medio de almacenar una futura provisión de tos, y están destinadas a los crédulos (lee «Otros temas de interés vital», en la página 103). Hacer gárgaras con jugo de limón, solo o diluido, constituye una ayuda para aliviar la tos.

Toxemia - 61, 30, 37, 15, 40

Intoxicación, causada por la retención indebida de materiales de desecho en el cuerpo o de los productos finales de la metabolización o la digestión, que dan lugar a un estado de hiperacidez.

Trombosis - 62, 2, 61, 30

Es el resultado de la formación de un coágulo de sangre que obstruye un vaso sanguíneo a causa de la presencia en el torrente sanguíneo de moléculas de almidón procedentes del pan, de cereales y de otros almidones que no son solubles en el agua.

Trombosis coronaria

Ver «Trombosis».

Tuberculosis - 61, 45, 1, 30, 2, 11, 37, 40, 41

Es el resultado de un exceso de mucosidad en el organismo, que causa la propagación del germen de la tuberculosis, el cual, por su presencia y modo de existir, destruye los tejidos que están próximos a él. La leche de vaca, tanto la cruda como la pasteurizada, es probablemente el alimento más generador de mucosidad consumido por el hombre, y esta mucosidad es el campo de cultivo natural de este germen. Probablemente la leche pasteurizada es la principal causa de la tuberculosis.

Tumores - 62, 61, 30, 40

Los tumores, en el cerebro, en los huesos, en el hígado o en el útero, se desarrollan a veces debido a la falta de los suficientes elementos orgánicos y son causados por un consumo excesivo de alimentos concentrados inorgánicos, sobre todo productos elaborados con harina. Factores concomitantes son los estados de ánimo negativos tales como resentimientos de muchos años, la ira, la frustración, etc.

TUMORES CEREBRALES - 62, 61, 30, 40

Son el resultado de impurezas presentes en el torrente sanguíneo que se coagulan en los vasos sanguíneos del cerebro. Estas impurezas ejercen una presión dentro del cráneo, lo que normalmente desemboca en una alteración del pensamiento y el habla, o del movimiento corporal, según la ubicación del tumor. La cirugía causa la muerte de aproximadamente el 50% de sus víctimas, mientras que las irrigaciones del colon o los enemas y otros procesos de limpieza se pasan por alto.

ÚLCERAS (principalmente gástricas) - 61, 1, 30, 5, 37, 6

Afecciones carenciales causadas por tejido insano como resultado de comer combinaciones incompatibles de alimentos que dan lugar a fermentación y putrefacción. También pueden atribuirse a un exceso de preocupación y a los otros factores coadyuvantes negativos de los que hablé en los apartados que dediqué al cáncer y a los tumores.

UREMIA - 30, 61, 29, 40, 59

Es la presencia de urea y otras excreciones urinarias en la sangre.

URTICARIA - 61, 2, 30, 15, 1

Ver «Alergia».

Hallándose el cuerpo demasiado ácido, intenta normalizarse por medio de excretar a través de la piel.

VARICELA - 61, 30, 1, 2

El virus de la varicela se propaga en un medio mucoso, particularmente el que resulta de los residuos de la digestión de la leche y de los almidones y azúcares concentrados. En ausencia de un medio como este, este virus no puede existir; pero si el niño es alimentado con leche de vaca, cereales, pan y púdines, podemos esperar que este virus —que debe comer si quiere vivir— se propagará en un terreno tan fértil. Un virus es un microorganismo patógeno vivo, y nada que viva puede seguir vivo si no se alimenta. Si el virus de la varicela no aprecia la calidad de la mucosidad presente en ese caso, la naturaleza dispondrá algún otro virus que lleve a cabo la recogida de la basura; y en función del nombre que le demos a ese basurero, alguna otra de las denominadas «enfermedades naturales de la infancia» puede «desarrollarse». Una dieta basada en almidones, cereales y leche es buena para los gérmenes, pues estos conducen las toxinas de regreso a la piel, y después dentro del cuerpo, para reaparecer un día, más pronto o más tarde, bajo alguna otra denominación. El diagnóstico del iris ha hecho más por demostrar esto que todos los métodos de laboratorio que hemos conocido. El mismo tratamiento que ha sido tan eficazmente usado para los resfriados (ver «Resfriados») ha sido eficaz en casos de varicela.

VARICES - **61**, **2**, **30**, 62, 15

Son el resultado de dietas ricas en almidones y azúcares concentrados, que hacen que se formen depósitos calcáreos en las paredes de las venas.

VEJIGA, **problemas varios - 30**, **61**

Las irritaciones que se producen en este órgano son con frecuencia el resultado de una excesiva acidez acumulada como consecuencia de ingerir alimentos que no son siempre lo suficientemente bien digeridos, de modo que no se disuelven bien y generan residuos ácidos: cristales de ácido úrico, por ejemplo, debidos a la ingestión de carne, y cristales de ácido oxálico a partir del consumo de espinacas o ruibarbo cocinados. Permitir que estos cristales se acumulen y seguir consumiendo estos alimentos puede ocasionar que se formen bultos o tumores. Intentar eliminarlos quemándolos, cortándolos o sometiéndolos a rayos X, radioterapia o medicamentos no elimina la causa. Al contrario, es probable que después se presenten problemas más graves. El consumo excesivo de almidones concentrados es otra causa concomitante.

La inflamación de la vejiga puede afectar al flujo normal de la orina y esto, a su vez, dañar las paredes de la vejiga. Esta afección es conocida como cistitis.

Los cálculos vesicales pueden formarse en el interior de la vejiga o haber llegado allí procedentes de los riñones (lee «Cálculos renales»). Además, en el caso del hombre, los problemas vesicales pueden deberse también a problemas con la próstata.

VESÍCULA BILIAR **(problemas)** y CÁLCULOS BILIARES **- 30, 61, 40, 29,** 23 (en un vaso de agua caliente)

Las grasas cocinadas y los alimentos fritos son la causa más común de la alteración del funcionamiento de la vesícula biliar (lee «Biliosidad»). Los cálculos biliares y la arenilla, sin embargo, son la acumulación de calcio inorgánico y otra materia inorgánica en la vesícula debido a que el organismo no es capaz de asimilarlo. Todos los almidones, panes y otros productos elaborados con harina están llenos de este tipo de calcio. Comer muchos de estos productos puede propiciar una abundante cosecha de cálculos biliares y arenilla. El jugo de un limón en un vaso de agua caliente, sin endulzarlo, tomado varias veces al día durante tres o cuatro semanas ha ayudado a disolver estos cálculos, cuando se han tomado a diario los otros zumos que indico en las fórmulas durante el mismo período de tiempo. La naturaleza jamás pretendió que la vesícula biliar del hombre fuera extirpada por medio de una operación quirúrgica, puesto que es esencial para el correcto funcionamiento del hígado. Sin embargo, nuestro cuerpo es nuestro, y si por ignorar su funcionamiento estamos dispuestos a someterlo a cirugía, no podemos culpar a nadie más que a nosotros mismos.

VIRUELA - **61**, **30**, **1**, **2**, 37, 40, 53, 55

Cantidades excesivas de materiales de desecho pútridos en el organismo dan lugar a la propagación de los violentos gérmenes responsables de esta enfermedad, los cuales, tras la primera ráfaga de propagación, abandonan el cuerpo por los poros de la piel. Un cuerpo que esté limpio por dentro y por fuera, y correctamente nutrido con alimentos vivos, orgánicos, y con zumos frescos y crudos abundantes y variados, no propaga este germen y es por lo tanto inmune a esta enfermedad.

ANEXO

TABLAS DE VALORES

VERDURAS									
	COMPONENTES				VITAMINAS				
	GRAMOS				UNID. INT.	MILIGRAMOS			
Cifras basadas en 454 g por categoría	Agua destilada	Proteínas	Hidratos de carbono	Grasas	Vitamina A	Vitamina C	Tiamina	Riboflavina	Niacina
Acelga	417	10	19,20	1,30	27.120	132	0,25	0,72	2,20
Ajo	295	30,85	128	0,90	20	100	1,30	0,45	2,35
Alcachofa	363	10	77	0,51	200	35	1,10	0,32	7,10
Alfalfa	393	14	45	0,30	199.760	799	22,70	187	0,49
Apio	429	4,90	16,80	0,45	1600	62	0,18	0,19	1,65
Berenjena	423	5,45	23	1,35	100	75	0,26	0,26	3,10
Berro	423	9,60	12,90	1,20	29.000	471	0,51	1,09	4,60
Boniato	321	8	122	2,20	39.000	200	0,62	0,43	3,96
Brócoli	405	16,35	26,80	1,35	16.000	600	0,51	1,03	0,50
Cebolla	404	7,20	42	1,20	300	89	0,18	0,23	1,25
Cebollino	409	12	30	2	28.000	300	0,42	0,60	3,60
Chirivía	378	7,80	64	3,50	200	95	0,45	0,53	1,20
Col	117	8,65	29	0,92	1.000	250	0,31	0,33	1,68
Col de Bruselas	388,50	27,50	36	1,40	3.000	525	0,63	0,97	5
Col de Milán	417	12	25	1,75	1.000	200	0,30	0,30	3,15

	VERDURAS								
	Componentes				**Vitaminas**				
	Gramos			**Unid. Int.**	**Miligramos**				
Cifras basadas en 454 g por categoría	Agua destilada	Proteínas	Hidratos de carbono	Grasas	Vitamina A	Vitamina C	Tiamina	Riboflavina	Niacina
Col rizada	410	8,60	30	0,45	45.000	1100	1,15	1,45	12,25
Coliflor	414	12,30	21	1,36	410	400	0,50	0,50	3,30
Colinabo	408	20	26	0,80	200	350	0,25	0,21	1,65
Espárrago	426	6,40	12,70	0,50	2.290	84	0,46	0,51	3,90
Espinaca	408	15	20	10,50	48.000	280	0,68	1,15	3,26
Frijol	380	17,75	38	1	100	0	2,50	0,90	10,15
Guisante	378	18	50	7	3.850	165	1,62	0,78	0,05
Haba	310	35	100	3	1.500	200	1,18	0,60	6,85
Hoja de diente de león	389	12,75	40	3,15	70.000	190	1,10	1,45	0,25
Hoja de mostaza	423	9,50	17,80	1,60	22.220	308	0,34	0,70	2,70
Judía verde	400	16	32	0,90	3.000	100	0,38	0,50	2,40
Lechuga	432	6,30	11,20	1,25	5.000	76	0,38	0,36	1,72
Lechuga romana	426	7	19	1,80	10.000	115	0,38	0,52	2,30
Maíz	342	15	90	5	2.500	95	0,80	0,65	8,50
Nabo	414	15	65	0,50	40	200	0,29	0,42	2,95
Patata	359	9,50	84	0,60	15	132	0,63	0,26	8,15
Pepino	435	5,40	13	0,45	1.400	68	0,17	0,25	1,12
Perejil	387	16,70	37	3	40.000	550	0,60	1,20	5,50
Pimiento	422	5,40	22	0,60	500	600	0,38	0,38	2,30
Puerro	400	11,30	38	1,36	300	100	0,60	0,50	3
Quingombó	410	10	32	1,30	3.000	200	0,96	1,12	5,30
Rábano	426	5,40	22	0,45	75	176	0,21	0,20	1,65
Rábano picante	348	14,50	78	1,50	0	500	0,38	0,02	0,05
Remolacha	399,30	7,20	64,50	1,12	200	62	0,18	0,37	2,30
Zanahoria	395	5	44	0,92	60.000	70	0,36	0,29	3,15

VERDURAS

Cifras basadas en 454 g por categoría	Calcio	Magnesio	Potasio	Fósforo	Azufre	Hierro	Silicio	Cloro	Sodio	Oxígeno	Hidrógeno	Nitrógeno
						MINERALES						
						GRAMOS						
Acelga	0,367	0,271	2,295	0,163	0,058	0,0134	0,0312	0,063	0,613	139	278	1,80
Ajo	0,43	0,55	2,40	1,20	1,40	0,02	0,10	0,25	0,40	98,34	196,66	5,15
Alcachofa	0,14	0,12	1,95	0,57	0,20	0,16	0,01	0,16	0,44	121	242	1,60
Alfalfa	7,945	1,497	9,08	1,135	1,316	1,589	0,007	1,271	0,681	131	262	2,50
Apio	0,64	0,22	1,54	0,47	0,21	0,05	0,14	0,57	2,10	143	286	0,90
Berenjena	0,10	0,14	1,30	0,32	0,15	0,03	0,02	0,22	0,10	141	282	0,91
Berro	1,25	0,31	1,60	0,80	1,92	0,02	0,01	0,28	0,61	141	282	1,60
Boniato	0,73	0,36	1,45	1,10	0,57	0,03	0,09	0,35	0,18	107	214	1,60
Brócoli	0,46	0,11	1,75	0,73	0,68	0,05	0,10	0,25	0,43	135	270	2,63
Cebolla	0,59	0,14	1	0,40	0,15	0,12	0,45	0,08	0,09	135	270	1,20
Cebollino	0,95	0,24	1,50	0,68	0,56	0,07	0,01	0,19	0,19	136,34	272,66	2
Chirivía	0,40	0,20	2,70	0,82	0,63	0,02	0,76	0,84	0,08	126	252	1,30
Col	0,80	0,18	1,92	1,50	1,12	0,03	0,04	0,36	0,44	139	278	1,45
Col de Bruselas	0,13	0,13	1,70	1,10	1,93	0,03	0,01	0,15	0,02	129,50	259	3,60
Col de Milán	0,21	0,63	2,65	1,45	0,81	0,17	0,47	0,78	0,99	139	278	2
Col rizada	0,80	0,20	2,30	1	2,41	0,04	0,01	0,29	0,15	136,60	273,30	1,50
Coliflor	0,24	0,15	1,75	0,80	0,50	0,04	0,15	0,14	0,23	138	276	2,05
Colinabo	0,80	0,57	1,90	0,40	0,48	0,16	0,14	0,27	0,50	136	272	3,60
Espárrago	0,056	0,051	0,706	0,157	0,053	0,0025	0,008	0,004	0,005	142	286	1
Espinaca	2,15	1,15	3	1,81	1,25	0,11	0,82	1,14	6,40	136	272	2,50
Frijol	0,21	0,12	1,70	0,41	0,52	0,01	0,01	0,09	0,13	126,66	252,34	3
Guisante	0,17	0,30	1,60	1,20	0,58	0,01	0,01	0,15	0,12	126	252	3
Haba	0,20	0,50	4,75	0,92	0,43	0,02	0,02	0,07	0,66	103,34	206,66	6
Hoja de diente de león	1,70	0,70	3,30	0,67	0,17	0,07	0,61	0,23	0,80	129,40	259,60	2,12
Hoja de mostaza	0,581	0,086	1,197	0,159	0,62	0,0095	0,01	0,016	0,102	141	282	1,60
Judía verde	0,54	0,45	2,30	0,47	0,92	0,01	0,01	0,51	0,13	133,34	266,66	1,68
Lechuga	0,70	0,30	1,80	0,45	0,18	0,25	0,39	0,37	0,36	144	288	1,05
Lechuga romana	0,70	0,25	1,50	0,65	0,23	0,08	0,18	0,25	2,09	142	284	1,15

VERDURAS											
	MINERALES										
Cifras basadas en 454 g por categoría	GRAMOS										
	Calcio	Magnesio	Potasio	Fósforo	Azufre	Hierro	Silicio	Cloro	Sodio	Oxígeno	Hidrógeno	Nitrógeno
Maíz	0,08	0,41	1,25	1,29	0,58	0,01	0,08	0,16	0,50	114	228	2,50
Nabo	0,65	0,21	2,70	0,84	0,55	0,03	0,05	0,38	0,33	138	276	2,50
Patata	0,13	0,25	2,90	0,85	0,32	0,05	0,10	0,17	0,15	120	239	1,60
Pepino	0,15	0,08	0,80	0,40	0,14	0,03	0,16	0,13	0,20	145	290	1
Perejil	1,65	0,40	3,50	0,75	0,90	0,03	0,17	0,19	0,40	129	258	2,80
Pimiento	0,30	0,54	2,10	0,75	0,30	0,07	0,15	0,14	0,17	141	282	1
Puerro	1,08	0,02	2	0,75	0,34	0,30	0,44	0,30	0,35	133,34	266,66	1,90
Quingombó	0,75	0,15	1,10	0,41	0,33	0,01	0,10	0,05	0,45	137	273	1,66
Rábano	0,68	0,14	1,45	0,50	0,30	0,12	0,04	0,40	0,96	142	284	0,95
Rábano picante	0,66	0,23	2,30	0,42	2,48	0,16	1,02	1,02	0,04	116	232	2,40
Remolacha	0,32	0,18	1,94	0,62	0,32	0,05	0,40	0,46	0,46	133,10	266,20	1,22
Zanahoria	0,48	0,18	1,56	0,54	0,27	0,04	0,10	0,20	0,91	131	262	0,85

FRUTAS								
	Componentes				**Vitaminas**			
	Gramos			**Unid. Int.**	**Miligramos**			
Cifras basadas en 454 g por categoría	Agua destilada	Proteínas	Hidratos de carbonoda	Grasas	Vitamina A	Vitamina C	Tiamina	Riboflavina	Niacina
Acerola	441	1,80	21,80	1,40	2500	7258	0,11	0,29	1,90
Aguacate	336	9,55	25	85	1500	100	0,50	0,95	7,50
Albaricoque	384	6,35	60	0,20	15000	68	0,18	0,25	3,31
Arándano negro	378	2,90	63,80	2,10	420	58	0,13	0,25	1,90
Arándano rojo	405	4,50	43	2	900	100	0,21	0,12	0,52
Calabaza	408	3,20	20,60	0,30	5080	30	0,14	0,35	1,80
Caqui	363	2,70	75,10	1,50	10330	42	0,11	0,08	0,40
Cereza	363	5,68	77,20	1,80	1000	65	0,30	0,30	2,10
Chirimoya	330	5,75	48,50	2,60	50	60	0,48	0,56	6,30
Ciruela	369	3,20	81	0,05	1750	45	0,23	0,22	3
Ciruela pasa	366	4	80	0,20	7200	20	7,30	0,80	7,25
Coco	219	24	84	127	10	0	0,28	0,22	2,95
Dátil	100	9,75	325	5	500	0	0,50	0,60	12
Frambuesa negra	381	6,40	60	6	20	100	0,21	0,52	4,93
Frambuesa roja	390	5,40	56	2,90	800	152	0,19	0,53	5
Fresa	408	3	36,60	2,20	260	257	0,12	0,29	2,60
Granada	348	1,30	41,70	0,80	Rastro	10	0,07	0,07	0,70
Grosella blanca	387	4,50	60	0,20	900	300	0,20	0,25	0,50
Grosella negra	360	6	75	0,30	1400	1000	0,25	0,26	1
Grosella roja	390	2,59	60	0,18	900	300	0,20	0,25	0,50
Higo	360	6,84	86	1,15	550	10	0,35	0,30	2,15
Lima	408	2,70	36,20	0,80	50	141	0,10	0,08	0,70
Limón	408	3,30	24.90	0,90	50	161	0,13	0,06	0,40
Mandarina	396	2,70	38,90	0,70	1410	105	0,20	0,05	0,40
Manzana	387	1,85	73	2,20	500	43	0,16	0,13	0,60
Melocotón	405	3,20	43	0,35	7500	58	0,14	0,33	6,30
Melón	408	3,60	38	0,50	15000	183	0,24	0,18	3,18
Melón cantalupo	408	3,60	38	0,50	15000	183	0,24	0,18	3,18

FRUTAS								
	Componentes				**Vitaminas**			
	Gramos			**Unid. Int.**	**Miligramos**			
Cifras basadas en 454 g por categoría	Agua destilada	Proteínas	Hidratos de carbonoda	Grasas	Vitamina A	Vitamina C	Tiamina	Riboflavina	Niacina
Melón rocío de miel	414	2,30	22	0,90	120	69	0,13	0,09	1,80
Melón verde	414	2,70	14,70	Rastro	70	29	0,10	0,07	1,40
Mora	381	3,20	41,3	0,56	590	29	0,06	0,45	3,40
Naranja	395	6,84	37	0,90	1,50	275	0,62	0,32	2,18
Oliva	363	8	12	60	320	10	0,10	0,09	0,10
Papaya	399	2,50	46	0,50	10000	300	0,30	0,27	1,75
Pera	384	3	64	2	200	28	0,12	0,25	0,76
Plátano	342	5,85	103	2	1000	60	0,23	0,29	0,30
Pomelo	399	2,55	45	0,25	600	1325	0,25	0,18	1,20
Ruibarbo	429	1,20	7,60	0,20	200	18	0,06	0,14	0,60
Sandía	420	2,30	30	0,90	3500	90	0,18	0,20	1,28
Tomate	427	4,90	19,50	1	5000	150	0,38	0,30	4
Uva	387	5,90	56	4,50	850	48	0,26	0,20	1,65
Zarzamora	390	5,75	53,50	2,75	2000	125	0,18	0,24	2,25

FRUTAS											
MINERALES											
GRAMOS											
ifras asadas en 54 g por ategoría / Calcio	Magnesio	Potasio	Fósforo	Azufre	Hierro	Silicio	Cloro	Sodio	Oxígeno	Hidrógeno	Nitrógeno
.cerola 0,045	0,049	1,30	0,041	0,09	0,0023	0,03	0,028	0,014	147	294	0,32
.guacate 0,45	0,50	2,15	1,45	0,80	0,14	0,05	0,11	1,50	112	224	1,60
.lbarico- ue 0,10	0,11	1,65	0,33	0,08	0,02	0,24	0,02	0,33	128	256	1,05
.rándano egro 0,063	0,025	0,338	0,054	0,015	0,0042	0,001	0,00015	0,004	126	252	0,45
.rándano ojo 0,56	0,05	0,50	0,09	0,80	0,02	0,01	0,02	0,01	135	270	0,75
.alabaza 0,067	0,038	1,08	0,14	2,30	0,0025	0,075	0,60	0,003	136	272	0,55
.aqui 0,023	0,030	0,663	0,099	0,10	0,0011	0,0001	0,00015	0,023	121	242	0,47
.ereza 0,25	0,18	1,70	0,53	0,10	0,07	0,30	0,05	0,07	121	242	0,95
.hirimoya 0,41	0,34	2,45	0,53	0,23	0,02	0,04	0,37	0,25	110	220	0,93
.iruela 0,31	0,27	1,80	0,47	0,12	0,10	0,08	0,01	0,02	107	213	14
.iruela ·asa 0,40	0,17	1,50	0,68	0,11	0,10	0,06	0,02	0,33	122	244	0,65
.oco 0,45	0,50	2,60	2,10	0,46	0,12	0,40	0,94	0,45	73	146	4
)átil 0,42	0,43	3,80	0,36	0,45	0,05	0,01	1,41	0,36	33,34	66,66	1,60
.rambuesa egra 0,15	0,15	0,95	0,30	0,70	0,05	0,08	0,18	0,05	127	254	1,50
.rambuesa oja 0,22	0,10	1,10	0,29	0,75	0,05	0,12	0,20	0,13	130	260	0,90
.resa 0,091	0,052	0,714	0,091	0,026	0,0044	0,098	0,013	0,004	136	272	0,50
.ranada 0,008	0,0045	0,658	0,02	0,00002	0,0008	0,01	0,03	0,008	116	232	0,23
.rosella ·lanca 0,03	0,09	1,40	0,13	0,37	0,01	0,01	0,03	0,02	129	258	0,75
.rosella egra 0,38	0,21	1,10	0,60	0,20	0,16	0,09	0,03	0,34	120	240	1
.rosella oja 0,15	0,10	1,20	0,22	0,80	0,01	0,01	0,04	0,01	130	260	0,43
.igo 0,20	0,22	0,72	0,43	0,18	0,04	0,16	0,07	0,43	120	240	1,15
.ima 0,126	0,10	0,389	0,069	0,06	0,0023	0,02	0,01	0,008	136	272	0,46
.imón 0,079	0,0001	0,419	0,049	0,06	0,0018	0,02	0,01	0,006	136	272	0,85
.Mandarina 0,134	0,035	0,423	0,06	0,032	0,0013	0,0032	0,0033	0,007	132	264	0,65
.Manzana 0,28	0,56	0,63	0,25	0,11	0,05	0,29	0,05	0,45	129	258	0,31

FRUTAS											
Minerales											
Gramos											
Cifras basadas en 454 g por categoría	Calcio	Magnesio	Potasio	Fósforo	Azufre	Hierro	Silicio	Cloro	Sodio	Oxígeno	Hidrógeno	Nitrógeno
Melocotón	0,26	0,08	1,12	0,34	0,18	0,03	0,01	0,05	0,17	135	270	
Melón	0,12	0,12	1,30	0,16	0,10	0,02	0,40	0,14	0,10	136	272	0,6
Melón cantalupo	0,12	0,12	1,30	0,16	0,10	0,02	0,40	0,14	0,10	136	272	0,6
Melón rocío de miel	0,040	0,036	0,00717	0,046	0,005	0,0011	0,0003	0,00025	0,034	136	272	0,4
Melón verde	0,032	0,036	0,569	0,036	0,008	0,0009	0,0002	0,0002	0,027	136	272	0,4
Mora	0,086	0,082	0,386	0,086	0,017	0,054	0,0025	0,002	0,005	127	254	0,5
Naranja	0,55	0,13	1,15	0,30	0,13	0,03	0,02	0,03	0,06	131,66	263,34	1,1
Oliva	0,42	0,02	3	0,07	0,05	0,03	0,03	0,01	0,40	121	242	1,6
Papaya	0,15	0,25	1,15	0,47	0,15	0,02	0,02	0,12	0,20	133	266	0,4
Pera	0,15	0,09	0,85	0,25	0,09	0,02	0,03	0,01	0,16	126	252	1
Plátano	0,08	0,27	1,80	0,32	0,13	0,01	0,09	0,33	0,63	114	228	
Pomelo	0,13	0,07	0,75	0,19	0,06	0,02	0,01	0,03	0,02	133	266	0,4
Ruibarbo	0,196	0,033	0,512	0,037	0,0047	0,0016	0,007	0,014	0,004	143	286	0,2
Sandía	0,15	0,08	0,65	20	0,10	0,06	0,05	0,04	0,14	140	280	0,4
Tomate	0,30	0,37	2,20	0,29	0,14	0,03	0,05	0,38	0,89	142	284	0,8
Uva	0,28	0,13	1,80	0,40	0,15	0,05	0,06	0,04	0,04	129	258	0,9
Zarzamora	0,17	0,12	1,10	0,45	0,15	0,07	0,23	0,05	0,10	130	260	0,9

ÍNDICE TEMÁTICO

195

ÍNDICE